KB104172

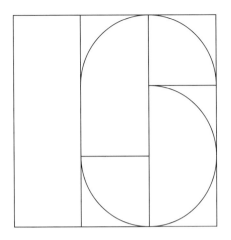

시경을 읽다

唱了三千年的民歌: 詩經
楊照 著
© 2013 Yang Zhao

Korean translation copyright © 2019 by UU PRESS
Korean translation rights arranged with Yang Zhao
through The Institute of Sino-Korean Culture.

이 책의 한국어판 저작권은 한성문화연구소를 통해 저자와 독점 계약한
도서출판 유유에 있습니다. 저작권법에 의하여 한국 내에서 보호를 받는
저작물이므로 무단전재와 무단복제를 금합니다.

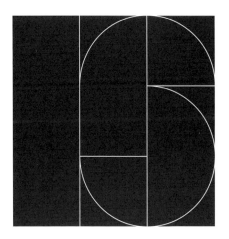

시경을 읽다

=

고대 중국 문인의
공통핵심교양이 된
3천 년의 민가

양자오 지음 ＋ 김택규 옮김

일러두기
'지은이'라고 표시한 것을 제외한 본문의 각주는 모두 옮긴이의 것이다.

저자 서문

동양고전 읽는 법

1

2007년부터 2011년까지 5년간, 저는 민룽 강당敏隆講堂에서 '중국 역사 다시 보기'重新認識中國歷史 강좌를 개설하고 13기에 걸쳐 130강을 강의했습니다. 신석기에서 신해혁명까지 중국 역사를 죽 훑는 이 통사 강좌는 전통적인 해설을 벗어나 신사학 혁명新史學革命* 이후 지난 100여 년간 중국 역사 연구의 새롭고 중요한 발견과 해석을 소개하는 데 역점을 두었습니다. '중국 역사 다시 보기'라는 제목도 그래서 달았지요.

---

* 근대적인 방법론에 입각한 새로운 역사학.

'중국 고전을 읽다' 시리즈는 원래 이 통사 강좌에 이어지는 형식이어서 고전의 선별도 같은 취지로 역사적 관점에서 이루어졌습니다. 중국 역사를 다른 방식으로 한 번 더 강의하는 셈이지요.

 저는 통사 강좌에서는 수천 년 중국 역사의 거대하고 유장한 흐름 가운데 제가 중요하다고 여기거나 소개할 만하며 함께 이야기할 만한 부분을 가려 뽑아 중국 역사를 보여 주려 했습니다. 반면 '중국 고전을 읽다'에서는 주관적인 선택과 판단을 줄여, 독자들이 직접 고전을 통해 중국 역사를 살피고 이해하게 되기를 바라고 있습니다.

 오늘날의 일상 언어로 직접 수천 년 전 고전을 읽고 역사를 이해한다는 것은 매우 보기 드문 행운입니다. 현대 중국인은 2천여 년 전의 중국 문자를 번역 없이 읽을 수 있고, 정보의 대부분을 직관적으로 파악할 수 있으며, 조금만 더 시간을 들이면 보다 깊은 의미도 해석할 수 있습니다. 고대의 중국 문자와 오늘날 중국인이 일상에서 쓰는 문자 사이에는 분명하고도 강력한 연속성이 존재하지요. 현대 사회에서 통용되는 중국 문자의 기원은 대부분 거의 『시경』詩經과 『상서』尙書 시대까지 거슬러 올라가며, 그중 일부는 갑골문甲骨

文이나 금문金文의 시대까지 소급됩니다. 문법에서도 꽤 차이가 있고 문자의 뜻이 완전히 일치하지는 않지만, 고대 중국 문자의 사용 규칙은 오늘날 쓰이는 문자와 대비해 보면 매우 쉽게 유추됩니다.

이는 인류 문명에서 매우 특이한 현상으로 사실상 세계 역사에서 또 다른 사례를 찾아보기 어렵습니다. 기원전 3천 년부터 오늘날에 이르기까지, 같은 기호와 같은 의미가 결합된 하나의 문자 체계가 5천 년 동안이나 끊이지 않고 이어져, 오늘날 문자의 사용 규칙에서 유추해 몇천 년 전의 문헌을 직접 읽을 수 있다니 대단하지요.

이처럼 고대부터 간단없이 이어진 중국 문자의 전통은 문명의 기본 형태를 결정짓는 데 상당한 영향을 주었습니다. 비록 중국 사회가 역사를 통해 이에 상응하는 대가를 치르기는 했지만, 이 전통 덕분에 지금 이 시대의 중국인은 매우 희소가치가 높은 능력을 얻었습니다. 이런 능력을 잘 이해하고 사용하지 않을 이유가 없지요.

2

고전을 읽는 첫 번째 이유는 이런 것입니다. 중국 역사에는 가장 기본적인 자료들이 있습니다. 이 누적된 자료를 선택하고 해석하면서 역사의 다양한 서술 방식이 형성되었습니다. 중국 문자를 이해하고 그 역사에 관심이 있는 사람이라면 누구나 역사의 다양한 서술 방식을 접하고 나서 그 기본적인 자료들로 돌아갈 수 있습니다. 누구나 역사학자들이 어떻게 이 자료들을 멋지게 요리했는지 직접 살필 수 있고, 스스로 가장 기본적인 자료들을 들추며 서술의 옳고 그름을 따질 수 있는 것입니다.

우리는 『시경』이 어떤 책인지 소개하는 책을 읽고, 『시경』에서 뽑아낸 재료로 서주西周 사회의 모습을 재구성한 이야기를 듣기도 합니다. 그런데 이런 기초 위에서 『시경』을 읽으면 『시경』의 내용과 우리가 처음 상상한 것이 그다지 닮지 않았음을 알게 될지 모릅니다. 서주 사회에 대해 우리가 처음 품었던 인상과 『시경』이 보여 주는 실제 내용은 전혀 다를 수 있지요. 어쨌든 우리에게 무척 강렬한 독서의 즐거움을 안겨 줄 겁니다!

고전을 읽는 두 번째 이유는 그것이 현재와 다른 시공간에서 탄생했음에도, 인간의 보편적 경험과 감상을 반영한다는 데 있습니다. 오늘날에도 우리는 여전히 같은 인간이라는 입장에서 고전 속의 경험과 감상을 확인할 수 있고 느낄 수 있고 비교할 수 있습니다. 우리는 그 안에서 비슷한 경험과 감상을 발견하고, 시공간의 차이를 넘어 공감대를 형성할 수 있습니다. 그리고 다른 경험과 감상을 통해서는 우리 삶의 경험을 확장할 수도 있지요.

　　역사학 훈련에서 얻어진 습관과 편견으로 인해, 저는 고전을 읽을 때 오늘날 현실과는 전혀 다른 사실들이 던져 주는 지적 자극에 좀 더 흥미를 느낍니다. 역사는 우리에게 인류의 다양한 경험과 폭넓은 삶의 가능성을 보여 주고, 나아가 우리가 너무도 당연하게 여겼던 현실에 의문을 품고 도전하게 만들지요. 이 점이 바로 역사의 가장 근본적인 기능입니다. 또한 역사라는 학문이 존재하는 의의이자 다른 무엇과도 바꿀 수 없는 핵심 가치이기도 합니다.

3

중국 사회가 수천 년 동안 이어진 문자 전통 때문에 상응하는 대가를 치렀다는 사실은 앞서도 언급한 바 있습니다. 그중 하나는 이 연속성이 역사를 바라보는 중국의 전통 관점에 영향을 끼쳤다는 점입니다. 끊이지 않고 줄곧 이어진 문자 체계 때문에, 중국인은 조상이나 옛사람을 지극히 가깝게 여기고 친밀하게 느낍니다. 그래서 중국에서는 역사학이 과거에 발생한 어떤 사건을 연구하는 독립적인 학문이었던 적이 없습니다. 역사와 현실 사이의 명확한 경계가 인식되지 않고 떼려야 뗄 수 없는 연속체처럼 여겨졌죠.

우리는 삶의 현실에서 도움을 얻고자 역사를 공부합니다. 그런 까닭에, 중국에서는 나중에 생겨난 관념과 사고가 끊임없이 역사 서술에 영향을 끼치고 역사적 판단에 스며들었습니다. 한 가지 심각한 문제는 이 전통 속에서 사람들이 늘 현실적인 고려에 따라, 현실이 필요로 하는 방식으로 역사를 다시 써 왔다는 사실입니다. 시간이 흐르면서 서로 다른 현실적 고려가 겹겹이 역사 위에 쌓여 왔지요. 특히 고전에 대한 전통적인 해석들이 그 위로 두텁게 덧쌓였습니다.

따라서 우리는 갖가지 방식을 동원해 덧쌓인 해석들을 한 풀 한 풀 벗겨 내고 비교적 순수한 맨 처음 정보를 보려고 노력해야 합니다. 그런 뒤에야 『시경』을 통해 2천 년 전 또는 2천 5백 년 전 중국 사회의 어떤 모습이나 그 사람들의 심리를 참으로 이해했다고 할 수 있습니다. 또한 주周나라 당시의 정치 구조 안에서 『상서』가 표현하는 봉건 체제를 이해하며, 황제 통치가 확립된 진秦나라와 한漢나라 이후의 가치 관념으로 『상서』를 왜곡하는 일이 없을 것입니다.

'중국 고전을 읽다' 시리즈에서 저는 이 고전들을 '전통' 독법대로 해석하지 않을 생각입니다. 전통적으로 당연시해 온 독법은 특히 면밀한 검증과 토의를 필요로 합니다. 도대체 고전 원문에서 비롯된 해석인지, 아니면 후대의 서로 다른 시기에 서로 다른 현실적 요구에 따랐기에 그때는 '유용' 했으나 고전 자체에서는 멀어진 해석인지 말이지요.

고전을 원래의 태어난 역사 배경에 돌려놓고 그 시대의 보편 관점을 무시하지 않는 것은 이 시리즈의 중요한 전제입니다. '역사적 독법'을 위한 '조작적 정의'*라고도 할 수 있겠습니다.

우리는 '역사적 독법'의 기초 위에서 비로소 '문학적 독

---

* 사물 또는 현상을 객관적이고 경험적으로 기술하기 위한 정의.

법'으로 나가는 다음 단계를 밟을 수 있습니다. 먼저 이 고전들은 오늘날의 우리를 위해 쓰인 것이 아니라, 그것들이 태어난 시대에 우리와 매우 다른 삶을 살았던 옛사람들이 쓴 것입니다. 그러므로 우리는 자기중심적인 태도와 자만심을 버리고, 잠들어 있는 보편된 인성을 일깨우며 다른 삶의 조건 속으로 들어가, 그들이 남긴 모든 것에 가까이 다가서야 합니다.

이 과정에서 우리는 자신의 감성과 지성을 일깨움으로써, 전혀 알 수 없었던 다른 삶의 환경을 이해하고, 내면에 존재했지만 미처 몰랐던 풍요로운 감정을 느끼게 될 것입니다. 저는 후자 쪽이 훨씬 더 중요하다고 봅니다. 우리 삶의 현실이 제공해 줄 수 없는 경험은 이처럼 문자로 남아 있다가 아득히 먼 시공의 역사를 뚫고 나와 우리와 대화하며 새롭고 강렬한 자극을 던져 줍니다.

고전이 태어났던 전혀 다른 시공간의 차이를 인정함으로써, 우리는 어떤 감정과 감동을 느끼고 일종의 기적을 맞보게 될 것입니다. 그 순간 우리는 현실적 고려에 의해 역사를 단편적으로 취하는 태도를 버리고, 역사를 관통하는 인류 보편의 조건과 역사와 보편 사이의 접점을 발견하며, 인간의 본성과 감정에 대한 더 넓고 깊은 인식으로 나아갈 수 있습니다.

4

'중국 고전을 읽다' 시리즈는 중요한 고전을 찾아 그 책의 몇 단락을 추린 다음 꼼꼼하게 읽는 방법을 취하고 있습니다. 이를 기초로 고전 전체의 기본 틀을 드러내고, 책과 그것이 탄생한 시대의 관계를 설명하려 합니다.

오늘날 전해지는 중국 고전의 규모는 참으로 어마어마해서 모든 고전을 처음부터 끝까지 다 읽는 것은 불가능합니다. 그래서 저는 고전 가운데 독자들이 쉽게 공감할 만한 내용을 고르는 한편, 가장 이질적인 정보를 전달할 수 있는 내용을 선택함으로써 독자들이 시공간을 뛰어넘는 신선하고 신기한 경험을 얻을 수 있도록 노력했습니다. 저는 첫 번째 방법으로 다음과 같은 효과를 기대합니다. "오! 저자의 말이 정말 그럴듯한데?" 두 번째 방법으로는 다음과 같은 반응을 바랍니다. "어? 이런 생각을 하는 사람이 다 있네!"

고전을 읽고 해석할 때 생각해야 할 몇 가지 기본 문제가 있습니다. 이 작품은 어느 시대, 어떤 환경에서 태어났을까? 당시의 독자들은 이 작품을 어떻게 읽고 받아들였을까? 왜 이런 내용이 고전이라 불리면서 오랫동안 변함없이 전해졌을까? 이 작품이 지닌 힘은 다른 문헌이나 사건, 사상 등에 어떤 영향을 끼쳤을까? 앞선 고전과 뒤따르는 고전 사이에는 어떤 관계가 있을까?

이 질문들은 어떤 고전 판본을 고를지 결정하는 기준이 되기도 합니다. 첫 번째 원칙은 가장 기원이 되며 본연에 가까운 판본을 고르는 것입니다. 역사와 선례를 중시하고 강조하는 전통 문화 가치에 따라, 하나의 고전에는 수많은 중국의 저작과 저술이 덧붙었습니다. 『사고전서』四庫全書에 수록된 3천 5백여 종의 서적 가운데 『논어』論語를 해석한 저작과 저술은 무려 100여 종이 넘습니다. 이 가운데 중요하거나 흥미로운 내용이 없는 것은 아니지만, 결국 모두 『논어』라는 고전의 부산물일 뿐입니다. 따라서 우리가 가장 먼저 골라 읽어야 할 것은 『논어』를 해석한 그 어떤 책이 아니라 바로 『논어』입니다. 『논어』는 당연히 『논어』를 부연하고 해석한 그 어떤 책보다 기원과 본연에 가깝습니다.

이 원칙에도 예외는 있지요. 중국 삼국 시대의 왕필王弼

이 주석한 『노자』老子와 위진魏晉 시대의 곽상郭象이 주석한 『장자』莊子는 불교의 개념으로 이 책들의 원래 내용을 확장하고 심화했으며, 나아가 위진 시기 이후 중국 '노장老莊 사상'의 기본 인식을 형성했습니다. 형식적으로는 부연이지만 실질적으로는 기원의 영향력을 지니는 셈입니다. 그래서 기본 텍스트로 보고 읽어야 합니다.

두 번째 원칙은 현대 중국어로 읽을 수 있어야 한다는 것입니다. 어떤 책들은 중국 역사를 이야기할 때 반드시 언급해야 할 정도로 중요합니다. 예를 들어 『본초강목』本草綱目은 중국 식물학과 약리학의 기초를 이루는 책으로 무척 중요하지요. 하지만 오늘날의 독자들에게 이 책은 어떻게 읽어나가야 할지 너무도 막막한 대상입니다.

다른 예를 하나 더 들겠습니다. 중국 문학사에서 운문이 변화하는 과정을 이야기할 때는 언제나 한나라의 부(한부漢賦), 당나라의 시(당시唐詩), 송나라의 사(송사宋詞), 원나라의 곡(원곡元曲) 등을 꼽습니다. 당시나 송사, 원곡이라면 읽을 수 있겠지만, 한부를 어떻게 읽을 수 있을까요? 중국 문자가 확장하고 발전해 온 역사에서, 한부는 매우 중요한 역할을 맡았습니다. 한나라 사람들은 외부 세계와 문자 사이의 서로 다른 대응 관계를 인식하기 시작했고, 수많은 사물과 현상에 상응하는 어휘를 기록하고 전달하는 데 어려움을 겪었지요. 그 때문에 어휘의 범주를 있는 힘껏 넓히고, 갖은 방법으로 복잡한 외부 세계의 눈부신 풍경을 모두 기록해 내려는 충동이 생겨났습니다. 따라서 한부는 일종의 '사전'과 같은 성격을 띱니다. 최대한 복잡하고 다양한 어휘를 사용해 인간이 알고 있는 모든 것을 요란하게 과시하는 장르이지요.

겉으로는 유려한 묘사로 내용을 전달하는 문학 작품처럼 보일지라도, 한부는 사실 새로운 글자를 발명하는 도구에 가까웠습니다. 보기만 해도 신기한 수많은 글자, 남들이 잘 쓰지 않는 기발한 글자를 늘어놓는 것이 한부의 참목적입니다. 글이 묘사하고 서술하는 것이 장원莊園의 풍경이든 도시의 풍경이든, 그것은 허울에 불과합니다. 장원에 대한 한부의 묘사나 서술은 풍경을 전하거나 그로 인해 일어나는 인간의 감정을 표현하는 데 뜻을 두지 않습니다. 한부는 이런 묘사와 서술을 통해 정원이라는 외부 세계에 속하는 모든 대상에 일일이 이름을 붙입니다. 한부 작품에 등장하는 이루 헤아릴 수 없이 많은 명사는 눈앞에 보이는 모든 대상 하나하나에 새롭게 부여한 이름입니다. 한부에 존재하는 수많은 형용사는 서로 다른 색채와 형상, 질감과 소리 등을 분별하기 위해 새로이 발명한 어휘지요. 상대적으로 동사는 그리 많지 않습니다. 한부는 무척 중요하고 소개할 만한 가치가 있으며 새롭게 알 필요가 있는 장르이지만 막상 읽기는 쉽지 않습니다. 읽는다 해도 도무지 재미가 없어요. 한부를 읽기 위해서는 글자 하나하나를 새로이 배우고 그 글자의 뜻을 새삼 되새겨야 하는데, 그럼에도 글을 읽고 나서 얻는 것은 그리 많지 않습니다. 초등학생이나 중학생들의 국어 경시대회와 비교할 수 있겠습니다.

마지막으로 세 번째 원칙이 있는데, 이는 저 개인의 어쩔 수 없는 한계에서 비롯된 것입니다. 저는 저 자신이 읽고 이해할 수 있는 고전을 고를 수밖에 없습니다. 예를 들어『역경』易經은 지극히 중요한 책이지만, 제가 가려 뽑은 고전 범주에 들지 않습니다. 예로부터 지금까지『역경』에 대해 그토록 많은 해석이 있었고, 지금도 계속해서『역경』에 대한 새롭고 현대적인 해석들이 나오고 있지만, 저는 아무래도 그 사상 세계로 들어갈 수가 없습니다. 저는 그와 같이 인간의 길흉화복을 점치는 방식에 설득되지 않으며, 도대체 무엇이 본연의『역경』이 규정하고 전승하려던 의미였는지 판단할 수 없고, 무엇이 후대에 부연되고 수식된 내용인지 가려낼 수 없기 때문입니다. 역사적 독법의 원칙에 따르자면, 저는 『역경』을 논할 능력이나 자격이 없습니다.

5

'중국 고전을 읽다'에서 저는 다만 책을 읽는 데 그치지 않고 몇 단락씩 꼼꼼히 들여다보려 합니다. 중국 고전은 책마다 분량의 차이가 적잖이 존재하고 난이도의 차이도 크기 때문에, 반드시 이 두 가지를 잘 헤아려 읽을 내용을 결정해야만 합니다.

저는 고전의 원래 순서도 내용의 일부이고, 문단과 문장의 완전함도 내용의 일부라고 생각합니다. 책의 순서에 의미가 없음을 확신할 만한 이유가 있거나 특별하게 대비시키려는 의도가 아니라면, 저는 최대한 고전이 지닌 원래의 순서를 깨뜨리지 않으려고 했으며, 최대한 완전한 문단을 뽑아 읽으며 함부로 재단하지 않았습니다.

강의 내용을 책으로 바꿀 때는 시간과 분량의 제한을 받기 때문에, 꼼꼼한 독해는 아마도 아주 짧은 단락에 그칠 것입니다. 하지만 여러분은 이를 통해 고전 속으로 들어가는 일에 차차 익숙해질 것입니다. 나아가 저는 여러분이 고전을 가깝게 느끼게 되어 책의 다른 부분을 스스로 찾아 읽었으면 하고 바랍니다. '중국 고전을 읽다'는 고전이 지닌 본연의 모습과 방식을 더듬어 여러분이 스스로 고전에 다가가는 기초를 닦도록 도울 것입니다. 이 책은 고전을 읽고 이해하는 데 중요한 첫걸음이 될 것입니다.

3천 년의 민가

중국어의 독특한 체계

고전은 모두 문자로 쓰였습니다. 하나 마나 한 소리처럼 들리는 이 말을 허투루 들어서는 안 됩니다. 먼저 언어가 생긴 뒤에 언어를 기록하는 문자가 생긴다는 것은 인류 문명 발전의 기본 모델입니다. 그런데 중국 역사는 이 모델이 반드시 통칙이 아니라 예외도 존재함을 보여 줍니다. 오늘날 우리가 2천여 년 전에 책으로 묶인 『시경』詩經을 직접 읽을 수 있다는 사실이 바로 그 예외에서 비롯되었습니다. 중국의 언어와 문자는 기본적으로 별개입니다. 중국 문자는 결코 언어를 기록하기 위해 발명되지 않았습니다.

중국 문자의 기원은 다윈커우大汶口 문화*의 도자기 파편에서 찾아볼 수 있고, 이후에 상나라 시대의 갑골문에서 그 기본 체계가 갖춰졌습니다. 갑골문은 특수한 기능이 있었습니다. 그것은 신비로운 기호 체계로서 서로 다른 두 세계, 즉 현실 세계와 조상의 영혼이 있는 초월적 세계를 연결해 주었습니다.

잘 갈아서 깨끗이 다듬은 소의 견갑골이나 바다거북의 배 껍데기를 준비하고 그 뒷면에 우선 뚫리지 않을 만큼만 흠집을 낸 다음, 그 흠집 밑을 불로 지지면 얼마 후 두께의 차이에 따라 팽창과 수축 현상이 일어나 'ㅏ' 모양으로 갑골의 표면이 갈라졌습니다. 그래서 이런 행위에 '복'卜이라는 이름이 붙었지요. 복의 목적은 그 불규칙한 균열이 예시하는 정보를 읽어 내는 것이었습니다. 복은 조상이 인간과 영혼의 경계를 뛰어넘어 자손에게 계시를 전달하는 소통의 경로였습니다. 물론 모든 사람이 다 균열이 상징하는 선조의 의견을 읽어 낼 수 있는 것은 아니었습니다. 특수한 신분과 능력을 갖춘 복인卜人이 그 역할을 담당했지요. 복인이 읽어 낸 의미는 미래에 그 예언이 맞는지 안 맞는지, 혹은 균열에 대한 해독이 정확한지 아닌지 검증하기 위해 같은 갑골에 문자

---

* 기원전 4300년에서 기원전 2500년 사이에 중국 산둥성과 장쑤성 일대에서 나타난 신석기시대 후기 문화.

로 새겨졌습니다.

만약 그런 문자가 언어와 관계가 있었다면 그 언어는 일상적 언어가 아니라 신비로운 초월적 언어였을 겁니다. 그런데 갑골에 적힌 문자가 상나라 시대에 음을 갖고 소리 내어 읽혔는지는 알 수 없습니다. 다시 말해 갑골문자는 단순히 시각 기호의 형식으로만 존재했을 수도 있습니다. 마치 무당이 신들린 상태에서 붓으로 휘갈긴 필적처럼 말입니다.

그 문자가 중국 문자의 기원이라고 해서 아무 의심 없이 후대의 관점대로 그것이 음을 가졌을 것이라고 생각하면 안 됩니다. 물론 그 문자에 음이 없었다고 말하는 것은 절대로 아닙니다. 다만 음이 있었다고 증명할 어떠한 증거도 없으며, 기능 면에서 상응하는 음이 없었을 수도 있다고 말하는 겁니다.

모든 기호가 음성기호로서 읽을 수 있는 음을 갖고 있는 것은 결코 아닙니다. 갑골문은 우선적으로 이 세계에 없는, 아득한 영혼의 의견을 기록하는 데 쓰인 일련의 기호였습니다. 상나라 사람들은 그 목적을 위해 갑골문을 발명했고, 많은 사람이 그 기호를 이해하고 활용하게 할 의도는 확실히 없었습니다. 그 기호를 이해하는 것은 특별한 능력으로 특권적 신분을 보장했습니다. 다른 사람에게는 없는 그 능력을 습득하면 지위가 높아질 뿐만 아니라, 남들보다 더 효과적이면서도 자신 있게 초월적 세계의 신령과 소통해 누구나 복종하고 경외하지 않을 수 없는 특권적 힘을 손에 넣을 수 있었습니다.

초기 주나라 문화 유적에 대한 고고학 연구에 따르면 주나라 사람은 초월적 지식을 전달하는 상나라 사람의 그 특권적 힘을 흉내 내고 심지어 표절까지 하려고 했습니다. 펑추촌鳳雛村의 유적에서 문자가 없는 대량의 갑골과 비뚤배뚤 조잡하게 적힌 일부 갑골문이 발견된 것이 그 증거입니다. 이를 통해 우리는 민족 간 투쟁 과정에서 주나라 사람이 자신들의 능력과 지위를 높이기 위해 상나라 사람에게서 청동기 제조법과 갑골을 이용한 점술 그리고 기호로 선조의 의지를 기록하는 방법까지 계승하고 이전하고 심지어 빼돌렸다고 확신할 수 있습니다.

하지만 주나라에는 그들 자신만의 방식과 문화가 있었고, 그것은 상나라와 판이하게 달랐습니다. 그래서 상나라 사회에서는 귀신의 색채가 강했던 것이 주나라 사회에서는 근본적으로 바뀌었습니다. 예를 들어 본래는 두 세계 사이의 왕래를 상징했던 신비한 동물인 사자使者의 복잡한 청동기 문양이 주나라 사람의 손을 거치면서 갈수록 단순한 선으로 변화해 결국 동물 형상과의 연관성이 사라졌습니다.

마찬가지로 갑골문도 주나라 사람이 쓰면서부터 기본 성격이 바뀌었습니다. 주나라 사람은 문자의 신비로운 성질을 남겨 두긴 했지만, 그들이 더 중시한 것은 문자의 항구적인 성질이었습니다. 문자는 시간의 흐름에 저항해 정보를 고정하고 오래 보존하도록 해 줍니다. 주나라 사람의 손에서 문자는 초월적 세계의 정보를 기록하고 보존하던 것에서 인간 세상의 현세적 정보를 기록하고 보존하는 것으로 그 기능이 전환되었습니다.

아마도 주나라가 계승하고 바꾸는 과정에서 문자와 언어의 관계가 확정됐을 가능성이 큽니다. 다시 말해 주나라는 상나라가 발명한 기호를 채택하는 한편, 본래는 언어를 위해 기능하지 않았던 그 기호를 이용해 언어를 기록하고 보존했던 겁니다. 전 세계의 대다수 문자와 달리 중국 문자는 표음문자가 아니어서 문자 기호를 쉽게 익힐 수 있는 음성 규칙이 없습니다. 그래서 어떻게 문자와 음성 사이의 대응 관계를 수립하느냐가 문명의 거대한 과제가 되었습니다.

그것은 다른 문명에서는 경험해 본 적도, 해결해 본 적도 없는 큰 과제였습니다. 다른 고대 문명에서도 비非표음문자 기호를 채택해 말과 글자가 분리되는 어려움에 부딪힌 적이 있지만, 그들은 거의 모두 본래의 표의문자 체계를 즉시 포기하고 더 편리하면서도 합리적인 표음문자로 대체했습니다.

그렇습니다. 인류 문명의 거시적인 관점에서 보면 중국의 비표음문자 체계는 매우 불편하고 심지어 비합리적입니다. 그래서 중국 문자는 유일무이한 예외에 속합니다.

이토록 불편하고 비합리적인 문자가 뜻밖에도 성공적으로 언어와의 관계를 수립하여 전승될 수 있었던 것은 기적인 동시에 놀라운 역사적 경이입니다. 세계의 다른 문명은 속속 표음문자의 길에 합류했습니다. 표음문자의 가장 큰 장점은 문자와 언어를 서로 긴밀하게 연결할 수 있다는 것입니다. 심지어 문자를 언어의 파생물로 만든다고도 할 수 있지요. 뭐라고 말하든 언어를 그 소리에 따라 문자로 기록할 수 있으니까요. 26개의 알파벳 자모를 익히고 그것을 음성기호로 삼아 소리와의 대응 관계를 숙지하기만 하면, 우리는 어떻게 영어를 듣고 쓰는지 이해하고 시공간적으로 먼 곳까지 문자를 보낼 수 있습니다.

중국어는 그 쉬운 길을 걸어 본 적이 없습니다. 중국 문자는 먼저 자신만의 논리를 가진 채 언어와 나란히 발전하다, 기원전 1000년 전후가 되어서야 본래 음성기호의 원리에 따라 설계되지 않은 그 체계로 언어를 기록하기 시작했습니다. 중국 문자는 언어를 기록하고 베끼기 전에 이미 그 신성성을 확립했습니다. 언어를 기록하고 베끼게 된 뒤에도 그 신성한 특성은 계속 남았습니다. 그래서 중국 문자와 언어의 상호 관계는 다른 문명의 표음문자 체계에서의 그 관계와는 크게 다릅니다.

표음문자 체계에서는 언어가 중심이고 문자는 그 뒤를 따르며 본뜰 뿐입니다. 언어가 바뀌면 문자도 따라서 바뀌지요. 그래서 문자는 언어의 불완전한 대체물로 간주됩니다. 문자는 복제품이고 언어야말로 진품이라는 식으로 말입니다. 하지만 중국의 문자 체계에서는 거꾸로 문자의 지위가 언어보다 높습니다. 언어는 잠시 존재했다 사라지는 것으로, 문자에 의지해야만 고정적인 성질을 얻어 시간에 저항하고 더 변하거나 사멸하지 않을 수 있습니다.

3천 년 전에 중국인은 어떤 언어를 썼을까요? 그들은 입으로 어떤 소리를 내서 "식사하셨어요?"라는 의미를 전달했을까요? 우리는 알지 못합니다. 3천 년 전 중국의 언어는 완전히 사라져서 복원할 길이 없습니다. 그런 소리는 어떤 형식으로도 전해지지 않았고 문자로도 남지 않았습니다.

『상서』尚書에 '日稽古若堯'(왈계고약요), 즉 '요임금에 대해 살펴보건대'라는 문자 기록이 있지만, 그것은 절대 2천여 년 전 중국인이 말하던 방식이 아닙니다. 당시 문자는 결코 언어 그 자체를 충실하게 기록하지 않았습니다. 문자의 논리를 이용해 언어를 베끼고 다시 썼을 뿐입니다. 또한 비표음적 기호여서 2천여 년 전 그 몇 글자를 어떻게 발음했는지도 전혀 알 길이 없습니다.

하지만 그들이 전달하려던 의미는 남았습니다. 더욱이 그들이 의미를 전달하던 방식도 문자 속에 남아 수천 년간 계승되었고, 20세기에 백화문白話文(구어문)이 상용될 때까지 크게 변하지 않았습니다. 만약 사마천司馬遷을 저승에서 깨워 2천 년 뒤의 량치차오梁啓超와 이야기하게 한다면, 두 사람은 소통이 안 될 뿐만 아니라 서로 무슨 말을 하는지조차 모를 겁니다. 하지만 그들에게 하고 싶은 말을 문자로 쓰게 한다면, 극소수의 특수한 단어를 빼고는 아무 문제 없이 빠르게 만족스러운 대화를 나눌 수 있을 겁니다.

주나라 사람은 어떻게 노래를 불렀나

우리는 2천여 년 전 사람들이 어떻게 말을 했는지 모릅니다. 하지만 『시경』이 남아 있는 덕분에 주나라 사람이 어떻게 노래를 불렀는지는 알 수 있습니다.

　『시경』에 수록된 글은 노래의 특성이 아주 강합니다. 『시경』은 중국 문자가 가장 일찍 소리와 결합된 예이지만, 말이 아니라 노래와 결합되었습니다. 노래의 언어는 일상생활의 언어보다 단순하고 규칙적이며 반복이 많습니다. 게다가 명확한 소리의 패턴이 존재하지요.

　『시경』은 우리에게 주나라 사람이 어떻게 노래를 불렀는지 알려 줍니다. 하지만 주의해야 할 것이 있는데, 첫째는 『시경』을 통해 주나라 사람이 어떻게 말을 했는지 추론할 수는 없다는 것이고, 둘째는 『시경』을 통해 그 시대 사람들이 모두 그렇게 노래했다고 추론해서는 안 된다는 것입니다.

　우리는 주나라 시대에도 장편서사시가 있었을 가능성을 배제할 수 없습니다. 운율이 있는 언어로 중요한 이야기를 짓고 곳곳에서 따라 불렀을지도 모릅니다. 고대 그리스인이 호메로스의 서사시를 불렀던 것처럼 말이지요. 하지만 그런 서사시가 있었더라도 후대에 전해졌을 리는 없습니다. 그들이 사용한 문자는 길게 연속되는 소리를 받아 적기에 너무 불편했기 때문입니다. 표음문자도 아니고, 형태도 쓰기에 너무 복잡했지요. 적절한 기록 도구도 부족해서 서사시 같은 소리 예술은 중국에서는 고대 그리스에서처럼 보존될 수가 없었습니다.

하지만 장편서사시를 기록할 수 없는 복잡한 문자라 해도 네 글자가 한 구를 이루며 같은 구가 계속 반복되는 짧은 노래 정도는 받아쓸 방법이 있었습니다. 『시경』을 읽어 보면 중국의 문자 체계가 어떻게 언어에 접근하려 시도했는지 이해할 수 있습니다. 만약 그런 시도가 일정한 성공을 거두지 못했다면 그 문자 체계가 어떻게 중국에서 가장 높고 유일한 주류적 위치를 차지할 수 있었는지 설명하기 어려울 겁니다. 당시 사람들은 제한적으로나마 소리를 기록할 수 있는 방법을 찾아내, 도상기호와 소리 사이의 몇 가지 규칙을 수립했습니다.

문자와 소리 사이의 기본 규칙을 발견하지 못했다면 기능적인 필요로 인해 그때나 그 직후에 중국인은 전혀 다른 표음적 문자를 개발하고 시험했을지도 모릅니다. 그랬다면 중국 문명은 분명히 지금과는 완전히 다른 모습이 되었겠지요.

『시경』 이후, 본래 언어를 위해 설계되지 않은 그 문자는 비록 쓰기는 불편해도 어쨌든 쓸 수는 있다는 것이 증명되었습니다. 다소 불완전하기는 하지만 문자와 언어가 이런 방식으로 연결되었습니다.

보존된 음운

『시경』의 시구는 대부분 운에 맞춰 지어졌습니다. 지금 그 운의 소리를 복원하기는 힘듭니다. 2천여 년 동안 소리는 엄청나게 변했는데, 우리가 운을 대조해 볼 수 있는 참고서는 『시경』이 기록된 지 천 년 뒤에야 편찬되었기 때문입니다.

오늘날의 표준 중국어는 네 가지 성조에 아주 약간의 입성入聲이 있을 뿐입니다. 이것은 상대적으로 빈약한 음성 체계입니다. 고대 중국어는 확실히 현대 표준 중국어보다 성조가 훨씬 복잡했습니다. 그 밖에도 고대 중국어에서 사용한 자음과 모음은 현대 표준 중국어의 그것과 큰 차이가 있었습니다. 요컨대 현대 표준 중국어는 소리에 있어서 아마도 중국 역사상 가장 빈약하고 단순한 체계일 것입니다.

민난어閩南語*, 하카어客家語**, 광둥어廣東語***를 쓰는 사람들은 그 방언의 성조와 모음이 모두 표준 중국어보다 훨씬 많다는 것을 압니다. 왜 표준 중국어는 소리가 그렇게 빈약할까요? 혹은 왜 그렇게 소리가 빈약한 체계를 표준 중국어로 삼았을까요?

이 물음에 답하기 위한 가장 좋은 방법은 거꾸로 되묻는

---

* 주로 중국 푸젠성과 타이완에서 쓰는 방언.

** 주로 광둥성 동부, 푸젠성 서부, 장시성 남부에서 쓰지만 해외 화교도 많이 쓰는 방언.

*** 광둥성 전역을 비롯해 광시성 일부에서도 쓰는 방언.

겁니다. 표준 중국어와 비교해 그 방언들은 소리가 왜 그렇게 풍부할까요? 왜냐하면 그렇게 많은 소리를 동원하지 않으면 언어에 같은 소리를 가진 동음자同音字가 너무 많아 오해를 사고 불편함을 낳기 때문입니다. 많은 성조와 자음과 모음이 서로 교차하며 많은 발음을 조합해 내야 동음자와 동음 단어의 출현 비율을 크게 줄일 수 있습니다.

사실 표준 중국어는 동음자와 동음 단어의 출현 빈도가 놀랄 만큼 높습니다. 말하는 도중에 늘 앞뒤 문맥을 떠올려야만 상대방이 발음한 소리가 수많은 동음자와 동음 단어 중 어느 것을 가리키는지 판단할 수 있지요. 많은 경우 중국인은 글자로 보충 설명을 해서 소리가 가리키는 뜻을 명확히 해 줘야 합니다. 예를 들면 "이의 없습니다"沒有異議라고 말한 뒤, 상대방이 "의의 없습니다"沒有意義라는 뜻으로 오해할까 봐 "'상이하다'의 이異, '의논하다'의 의議입니다"라고 설명하는 식이지요.*

소리의 조합이 이토록 단순하고 빈약한데도 표준 중국어가 계속 무리 없이 사용되는 것은 사람들이 모두 문자에 대한 보편적 경험을 공유하고 있기 때문입니다. 문자가 그 소리에 대한 사람들의 인지와 상상을 통일시켜, 동음자가 야기하는 오해를 대폭 줄이고 동음자의 허용 폭을 넓히고 있는

---

* 중국어에서 이의(異議)와 의의(意義)는 동음 단어로 똑같이 'yiyi'로 발음된다.

겁니다.

우리는 『시경』의 음을 복원할 수는 없지만, 『시경』의 운 문 형식은 우리가 중국 옛 운의 규칙을 추적하고 이해하는 데 큰 도움을 줍니다. "꾸룩꾸룩 우는 물수리는 모래톱에서 노 는데, 아리따운 아가씨는 군자의 좋은 짝이네"關關雎鳩, 在河之 洲, 窈窕淑女, 君子好逑 같은 구절에서 '鳩'(구), '洲'(주), '逑'(구)는 압운이 된 글자, 다시 말해 모음이 같은 글자입니다. 『시경』 에서 형식적으로 압운해야 하는 위치에 있는 글자를 『패문운 부』佩文韻府** 같은 후대의 운서韻書에서는 서로 다른 운으로 분류해 놓곤 했습니다. 혹은 오늘날 우리가 읽는 방법으로 읽 어 보면 전혀 압운처럼 안 느껴집니다. 그러면 우리는 그 사이 운이 바뀐 것을 깨닫고, 그것을 통해 고금의 음운이 변화되어 온 궤적과 규칙을 정리하고 관찰해 볼 수 있습니다.

꼭 대단한 이치는 아니다

『시경』은 노래이자 가사입니다. 오늘날 유행가의 가사 에는 요즘 사람들의 삶과 보편적인 가치관이 딱히 정확하고 풍부하게 반영되어 있지는 않습니다. 따라서 역시 『시경』을 통해 주나라 사람의 삶과 생각을 정확하고 풍부하게 파악할

** 청나라 관청에서 편찬한 대사전. 장옥서(張玉書), 진정경(陳 廷敬) 등 70여 명이 칙령을 받들어 집필했다. 강희(康熙) 43년 부터 50년(1704~1711)까지 편찬되었으며, 모두 212권이다(지 은이).

수 있다고 믿을 만한 근거는 없습니다.

『시경』에 비교적 효과적으로 반영되어 있는 것은 주나라 사람이 노래를 부른 상황입니다. 당시 사람들은 어떤 경우에 어떤 상황에서 노래를 불렀고, 노래에 어떤 정서와 내용을 담아 표현했을까요? 또 그들에게 노래에 담기에 적당한 사건과 감정은 어떤 것이었을까요? 이런 것이 우리가『시경』을 읽으며 탐구해야 할 문제입니다.

『시경』을 읽으면서 우리는 시의 형식을 소홀히 봐서는 안 됩니다. 그것은 예를 들면 한 구의 글자 수, 구와 구의 연결, 똑같은 구가 반복되는 규칙, 한 편의 시에서 중복되거나 상이한 구가 조합되어 이루는 특수한 구조 등입니다. 또 우리는 글자와 소리 사이의 관계에 관심을 갖고 형상을 나타내는 기호와 혀가 발음하는 소리 사이에 어떤 고정된 관계가 있는지 진지하게 관찰해야 합니다.

더 중요한 것은 『시경』을 읽으면서 처음부터 전통의 늪에 빠지면 안 된다는 겁니다. 『시경』「대서」大序와『모시』毛詩* 또는 주자朱子의 『시집전』詩集傳**의 해석을 보면, 『시경』의 모든 시가 '미언대의'微言大義***의 성격을 갖고 있어 저마다 역사적 암시와 도덕적 훈계를 담고 있다고 주장합니다. 이런 주장은 우리가 시를 이해하는 데 도움이 안 될 뿐만

---

* 서한(西漢)의 경학자인 모장(毛萇)과 모형(毛亨)이 원문에 주석을 단 『시경』.

** 송나라 주자의 『시경』 해설집.

*** 간단하지만 심오한 말로 큰 뜻을 암시하는 방식.

아니라, 『시경』의 작품에 불필요한 거리감과 혐오감을 갖도록 만듭니다.

우리는 그 작품들이 '경'經, 즉 경전이 되기 전에 우선 주나라 사람이 대대로 불러 온 시이자 노래였다는 사실을 잊어서는 안 됩니다. 그 시와 노래를 불렀던 이들은 미래의 어느 날엔가 그 내용이 경전으로 바뀌어 높은 지위를 얻고 거기에 방대한 의미가 덧붙여지리라고는 상상도 못했을 겁니다. 경은 옛 성현의 지혜와 진리가 담긴 책이라는 뜻입니다. 그래서 후대 사람들은 반드시 『시경』에서 옛 성현에게 어울리는 내용을 읽어 내려고 했습니다.

경은 큰 이치를 기록한 책인데, 『시경』도 경이라 역시 대단한 이치가 담겨야만 했습니다. 이런 논리는 시대 순서의 심각한 전도인데, 훗날의 정의로 과거의 작품을 재해석하고 과거의 작품에 훗날에 규정된 내용을 억지로 집어넣었습니다. 우리는 이러한 전도를 제거하고 최대한 『시경』을 그것이 탄생한 시대적 환경에 되돌려 놓고서 읽어야 합니다.

민가 채집과 봉건 통치

『시경』에 수록된 시는 대략 서주西周 후기에 문자로 기록된, 중국에서 가장 오래된 문학작품입니다. 책으로 묶인 뒤에는 주나라 왕관학王官學 전통의 중요한 분야가 되었지요. 오늘날의 용어로 말하면 주나라 귀족 교육의 고정 커리큘럼 중 하나가 되었습니다. 시, 서書, 역易, 예禮, 악樂, 춘추春秋는 당시 귀족 교육의 핵심 커리큘럼이었습니다. 귀족 교육이 왜 그렇게 짜였을까요? 사료 면에서는 완벽한 답변을 하기 어렵지만, 커리큘럼의 내용을 통해 합리적인 추론을 해 볼 수는 있습니다.

『서』書는 고대사로서 주나라 건립 과정에 있었던 중대한 사건과 그 사건들에 대한 선현의 검토와 교훈을 기록한 것입니다. 주나라는 자신들도 예상하지 못한 상황에서 그들의 눈에는 너무나 강대해 보였던 대읍상大邑商, 즉 상나라를 격파했습니다. 그래서 자신들이 어떻게 이길 수 있었는지 그 이유를 적극적으로 찾았으며, 이긴 과정과 이유 그리고 상나라 사람이 미신을 믿고 음주에 탐닉했다는 비판과 '천명天命이 무상함'을 경계하는 우환 의식 등을 『서』에 수록했습니다. 『서』를 통해 주나라 사람의 특수한 정신적 가치관이 후대의 귀족에게 전달되었지요.

『서』에 대응하는 것이 『춘추』였습니다. 『춘추』는 당대의 역사이자 국별國別 역사였습니다. 여기에서 국國은 노魯·

진晉·송宋 같은 봉국封國을 가리킵니다. 각 봉국의 역사가 수록되었는데, 연도를 크게 춘과 추로 나누어 상반기와 하반기에 각기 일어난 큰 사건을 기록하는 무척 단순한 형식을 취했기 때문에 '춘추'라는 이름으로 불렸습니다.

『예』는 행위 규범에 대한 가르침이었습니다. 봉건 질서에 필요한 규칙과 의식을 모아 놓은 총화였지요. '예'는 맨 처음에는 문자와 경서의 형식으로 존재하지 않고 실제적인 훈련으로 전해졌을 겁니다. 그래서 공자 시대에는 아직 '예의 시연'에 대한 견해가 보편적으로 존재했지요.

『역』은 당시 귀족 교육에서 철학 교육에 해당했습니다. 주나라 사람은 줄곧 '천'天의 문제를 사유했습니다. '천'은 인간이 좌우할 수도 도모할 수도 없는 초월적 힘이었습니다. 사람들의 삶에서 '인'人은 일부였고 나머지 더 큰 부분이 '천'이었습니다. 우연적이고 예상할 수 없는 것이 '천'이었으며, 되돌릴 수 없는 운명도 '천'이었습니다. 그래서 좌우할 수도 통제할 수도 없는 변수와 힘을 어떻게 이해하고 거기에 대응해야 하는지가 철학 교육의 포인트 중 하나였습니다.

이제 남은 것은 '시'와 '악'입니다. '시'와 '악'이 과연 하나였는지 둘이었는지는 아직까지 정설이 없습니다. 아마 앞으로도 그럴 것이고, 꼭 정설이 있을 필요도 없습니다. 고대 음악은 구체적인 형식으로 남아 있는 것이 전혀 없습니다. 그 소리는 완전히 사라져 버렸지요. 우리가 찾아낸 것이라고는 고고학 유적에서 출토된 악기 몇 점뿐입니다. 그 밖에 문자로 그 소리를 흉내 내고 묘사한 것이 있지요. 그래서 우리는 '악'에 관해 논의할 수 있는 충분한 기반이 없습니다. 기껏해야 '시'와 '악'이 왕관학의 중요한 항목이었다는 점으로부터 당시 귀족 교육에서 청각을 중시했음을 추측할 수 있을 뿐입니다.

그러면 '시'의 가르침은 당시 귀족 교육 체계에서 어떤 역할을 하고 또 어떤 효과를 낳았을까요? 그리고 그 노래와 노래 내용의 기록이 왜 귀족 교육의 일부가 되었을까요? 특히나 그중에는 종묘 의식과는 전혀 무관한 민가가 많았는데 말이지요.

『시경』 내용의 유래에 관해서는 전통적으로 채시采詩, 즉 시의 채집에 관한 설이 있었습니다. 서주의 '봉건'이 성립된 과정에 대한 우리의 이해를 바탕으로 채시의 의미를 설명해 보기로 하지요. 사실 주나라가 새로운 왕조를 쉽게 건립한 것은 아니었습니다. 상나라의 수도 조가朝歌를 함락하고 상왕 주紂를 죽였다고 해서 상나라가 본래 통치하던 지역이 한꺼번에 주나라의 통치 아래 들어온 것은 아니었습니다. 우선 상나라가 통제하던 범위는 사실 그다지 넓지 않았습니다. 그 한정적인 범위 내에서도 상나라의 통제력은 매우 제한적이었고요. 상나라는 같은 천자를 둔 일종의 연맹체로 직접 관할하는 영토가 아니었습니다. 주공周公과 성왕成王 시대에 주나라는 새로운 방식을 고안해 새로운 통치 모델을 수립했습니다.

그 새로운 통치 모델이 바로 '봉건'이었습니다. 봉건은 어떤 종친이나 공신을 지정해 특정한 땅과 한 무리의 백성을 하사하는 것, 즉 봉封하는 것에서 시작되었습니다. 그러고서 그에게 자기 백성을 데리고 봉지封地에 가게 했습니다. 그것은 때로는 정복이었고 때로는 개발이었습니다. 정복하고 개발한 뒤에는 관리와 경영을 책임지게 했습니다. 그 땅이 바로 그와 그 후손이 대대손손 소유하는 봉국封國이 되었습니다. 종친이나 공신에게 하사된 봉국은 아마도 멀고 낯선 땅이었을 겁니다. 효과적으로 그 땅을 소유하기 위해 처음에는 군사력에 의지해야 했겠지요. 하지만 계속 군사력에 의지하거나 군사력에만 의지하는 것은 불가능했을 겁니다. 봉건영주는 반드시 그 땅에 어떤 사람들이 사는지 이해해야만 했습니다. 그 땅의 민정民情을 잘 살피고 파악해 그들과 잘 지낼 방법을 강구해야만 했지요. 채시는 그 땅의 민가를 채집하여 그 민가를 통해 사람들의 삶에 접근하는 합리적인 수단이었습니다.

이것이 아마도 『시경』 내용의 기원일 터인데, 여기에 『시경』이 귀족 교육에 편입된 핵심 원인이 있습니다. 물론 『시경』의 모든 시가 그렇게 채집되었다는 것은 아닙니다. 다만 그런 역사적 상황 때문에 주나라 사람이 일찍부터 민가를 중시하고 채집하는 관습을 형성한 한편, 민가를 일반 귀족이 반드시 알아야 하는 상식으로 간주했다는 겁니다. 이 논리에 따라 우리는 한 걸음 더 나아가, 본래 제사에서 존귀한 위치를 차지했던 신성한 문자가 주나라 때에 와서 왜 민가 가사를 베끼고 기록하는 데 쓰였는지 추론해 볼 수 있습니다. 그것은 봉건제도의 운영과 관계가 있었습니다. 봉건영주와 봉건귀족은 봉국에서 편안히 거주하며 효과적으로 봉국의 백성을 관리하기 위해 당연히 그곳 사람들이 본래 어떤 삶을 살았는지, 무엇을 하고 무엇을 생각하는지 알아야 했습니다. 아울러 그 중요한 자료를 대대손손 이어서 봉국을 다스리기 위한 참고 자료로서 보존하려 했습니다.

주나라 사람은 민가와 민정을 연결해, 민정을 잘 반영한 민가가 귀족이 봉국의 상황을 이해하는 데 도움이 된다고 믿었기 때문에 채시를 했습니다. 그런데 어떤 방법으로 시를 채집했을까요? 그 시대에는 녹음기가 없어서 소리를 기록할 방법이 막연했습니다. 유일한 방법은 민가를 배워 부르는 것이었을 겁니다. 하지만 배워 부르는 과정에서 착오가 있을 수 있고 기억력에도 한계가 있었을 겁니다. 더군다나 기억은 시간이 가면서 마모되고 변조되기 마련이지요. 바로 이런 어려움 때문에 본래 신성한 의식에서만 쓰이던 문자를 가져와 그 소리를 흉내 내어 기록했을 겁니다.

이처럼 전통적인 견해가 아니라 오늘날의 역사적인 방식으로『시경』의 유래를 새롭게 추론해 보았습니다.

시 속의 후렴구

『시경』 본문은 설명을 제외하고 2만 자가 조금 넘습니다. 그런데 실제로 읽어 보면 그보다 훨씬 적은 듯합니다. 시에 반복이 아주 많기 때문이지요. 그리고 시구가 반복될 때 보통 뒤 시구가 앞 시구와 한두 글자만 다르기 때문에 앞 시구의 뜻만 이해하면 뒤 시구는 나머지 글자만 식별하면 됩니다.

시에서 반복은 소리에 대한 기호嗜好에서 비롯됩니다. 오늘날 우리가 부르는 유행가도 대부분 각 절마다 후렴구가 있지요. 각 절은 서로 가사가 다르지만 후렴구는 같은 가사를 반복합니다. 그래서 노래방에서 노래를 부를 때 후렴구에 이르면 사람들이 못 참고 너도 나도 끼어들어 함께 부르곤 합니다. 가장 높은 옥타브로 부르는 부분도 거의 후렴구입니다.

『시경』에도 그런 후렴구와 유사한 반복이 있습니다. 그런데 흥미롭게도 『시경』에 나타나는 반복은 모두 자구에 작지만 의미 있는 변동이 있습니다. 이것이 『시경』의 중요한 형식적 특징입니다.

반복에서 나타나는 변동 가운데 가장 흔한 것이 환운換韻, 즉 운의 교체입니다. 앞 시구에서 사용한 각운을 뒤 시구에서 바꿔 소리에 변화를 주는 것이지요. 하지만 각운이 되는 글자 외에 다른 글자는 건드리지 않습니다. 그런데 각운이 되는 글자가 바뀌면 동시에 새로운 의미가 생겨, 그 새로운 의미가 앞 시구의 본래 의미와 함께 특수한 단계적 구조를 형성합니다.

오늘날 유행가 가사는 대부분 각 구절의 의미가 대동소이합니다. 앞 구절을 뒤 구절과 바꾸거나 반대로 뒤 구절을 앞 구절과 바꿔도 그리 영향이 없습니다. 하지만 『시경』의 시는 그렇지 않습니다. 겨우 몇 글자만 바뀌어도 그 변화된 글자의 의미가 앞뒤로 서로 이어지는 일련의 논리를 형성해 그 흐름에 일정한 합리성이 부여됩니다. 그래서 각 시구는 외견상 중복되는 자구가 많아 보여도 멋대로 순서를 바꿀 수가 없습니다. 멋대로 순서를 바꾸면 시의 정연하고 말끔한 구조가 무너지고 맙니다.

2천여 년이 지난 오늘날에도 우리는 『시경』을 읽으면서 당시 사람들의 생각을 접할 수 있습니다. 그리고 그들이 마구잡이로 노래를 부르지 않았음을, 시 속의 순서와 단계에 그들의 감수성과 사유 방식이 반영되어 있음을 알 수 있습니다.

이런 관점으로 『시경』을 읽다 보면 자연히 어떤 삶이나 세계관이 그들로 하여금 현상과 감정의 순서와 단계를 관찰하고 묘사하는 데 그토록 신경을 쓰게 했는지, 또 그것을 어떻게 그토록 자연스럽게 만들었는지 놀라게 됩니다.

『시경』의 시편이 우리에게 주는 또 하나의 깊은 인상은 그 안에 단순한 '인간사'가 거의 없다는 겁니다. 그들은 인간사를 단순하고 직접적으로 논하고 노래하는 경우가 없습니다. 사람과 사람 사이의 상호작용이나 사람과 사건 사이의 관계를 묘사할 때 늘 바깥 세계의 환경, 특히 대자연의 현상을 삽입합니다. 『시경』에는 풍경 묘사 위주의 시가 거의 없습니다. 시의 주요 핵심은 다 사람으로, 사람에게 무슨 일이 일어났는지를 이야기합니다. 하지만 시의 처음이나 중간이나 말미에 꼭 환경과 자연을 묘사한 구절을 삽입하곤 합니다. 그런 환경과 자연의 요소가 시 속 인간사의 주체와 어떤 관계가 있는지는 대부분 분명하지 않지만 말이지요. 그래서 인간사와 자연의 연결성을 느끼고 사유해 보는 것이 『시경』을 읽는 큰 즐거움 중 하나입니다.

'풍아송'과 '부비흥'

전통적인 『시경』 해석에는 여섯 개의 키워드가 있습니다. 바로 '풍아송'風雅頌과 '부비흥'賦比興입니다. 풍아송은 『시경』에 실린 시의 세 가지 서로 다른 장르이며, 부비흥은 『시경』의 표현에서 나타나는 세 가지 수법입니다. 풍아송은 시의 유래와 기능과 관련 있는, 주나라 시대에 존재했던 분류법으로 『시경』의 작품 자체의 차이에서 내적으로 증명이 가능합니다. 또한 우리가 『시경』을 이해하기 위한 중요한 단서이기도 합니다. 하지만 부비흥은 훗날 『시경』에 덧붙여진 설명이라 『시경』 자체와의 관련성은 그리 크지 않습니다.

선입견을 배제하고 『시경』 원문으로 돌아가 살펴보면,

우리는 부비흥의 분류에 문제가 많다는 것을 알게 됩니다. '부'는 어떤 일을 직접적으로 이야기하는 것이고, '비'는 어떤 사물로 다른 사물이나 일을 비유하는 겁니다. '흥'은 어떤 현상이나 사물을 언급하고 이어서 어떤 일이나 또 다른 사물을 이야기하는 것인데, 양자 사이에 명확한 비유 관계가 없고 또 한눈에 알아챌 만한 관련성도 없습니다.

각각의 시를 '부'나 '비'나 '흥'에 귀속시켰던 전통적 분류법은 문제가 많았습니다. 『시경』의 시는 단순히 한 가지 표현 방법에 속하는 경우가 거의 없고, '부'나 '비'나 '흥'으로 구분되지 않는 시구도 너무나 많습니다. 그 시구를 읊고 노래할 때 시인의 마음속에는 부비흥에 관한 생각은 전혀 없었습니다. 그런데도 그런 개념을 적용해 작품의 형식을 제한했으니 정말 적절하지 못했습니다.

전통적으로 '부'로 분류된 시에는 대부분 앞에서 말한 풍경이나 자연현상이 삽입되어 있습니다. 시에서 문밖에 있는 한 그루 나무를 표현하고 이어서 문안에 있는 한 사람의 행동이나 느낌을 표현했다고 해 봅시다. 전통적인 견해에 따르면, 만약 나무는 나무이고 사람은 사람인 식으로 나무와 사람을 갈라서 표현했다면 그것은 '부'입니다. 그리고 나무로 사람을 비유했으면 '비'이며, 그저 나무가 먼저 나오고 사람을 이끌어 내는 식으로 나무와 사람의 관계가 있는 듯 없는 듯 불명확하면 '흥'입니다. 하지만 군이 그렇게 나무와 사람의 관계를 확정할 필요가 있을까요? 아무 이의도 모호함도 불확실함도 없이 이런저런 관계를 서슴없이 확정하게 만드는 시구나 시가 얼마나 있을까요? 사실 이의와 모호함과 불확실함이야말로 흔히 독서에서 풍부한 상상과 경험을 더 제공해 주지 않나요?

전통적인 부비흥의 규정은 시구에 대한 우리의 감응과 연상을 파괴합니다. 전통에 따르면 「관저」關雎는 '흥'에 속합니다. 다시 말해 "꾸륵꾸륵 우는 물수리는 모래톱에서 노는데"라는 앞 구절과 "아리따운 아가씨는 군자의 좋은 짝이네"라는 뒤 구절 사이에 직접적인 의미의 연관성이 없다는 것이지요. 그러면 우리는 당연히 "꾸륵꾸륵 우는 물수리는"은 한쪽에 치워 놓고 "군자의 좋은 짝이네"만 봐도 됩니다. 이렇게 선입견이 가득한 독서 지도를 좋다고 할 수는 없겠지요. 독자 스스로 "꾸륵꾸륵 우는 물수리는"과 "군자의 좋은 짝이네" 사이의 연관성을 해석하고 결정하지 말라는 법은 없습니다. 오히려 그것은 독자의 기본 권리이자 즐거움이며, 심지어 책임이기까지 합니다.

우리는 차라리 선입견을 털어 내고 원점으로 돌아가 시

에 접근하는 것이 낫습니다. 그러면 당시의 시와 노래가 직접적으로 상황을 서술하고 사물을 묘사하는 데 익숙지 않아 주로 에둘러 표현하는 수법을 썼음을 알게 될 겁니다.

　　문학작품을 읽는 기본 태도로 돌아가 우리는 『시경』에 실린 각 시의 완결성을 존중할 겁니다. 우선 시인과 가수가 쓰고 노래한 것이 그들이 창작하던 그 순간에는 틀림없이 의미가 있었다고 가정합시다. 우리는 시 자체에서 시인과 가수의 구상을 규명하고 복원해야 합니다. 혹은 각 시를 시인과 가수가 2천여 년의 시공간을 넘어 우리를 부르는 초대로 간주해도 좋습니다. 우리가 응하면 그들은 "무엇을 느꼈죠?", "무엇을 알아챘죠?", "무엇에 끌렸죠?"라고 물어볼 겁니다.

소리와 문자의 규칙

　　『시경』의 작품을 보면 어사語詞가 계속 눈에 띕니다. 어사는 조화로운 소리와 정연한 리듬만 있고 특정한 의미는 전혀 없는 글자나 단어를 뜻합니다. 어사의 존재는 우리에게 당시 초기 중국어 체계에서 언어와 소리의 규칙 그리고 문자와 의미의 규칙이 아직은 서로 완전히 맞아떨어지지 않았음을 다시 상기시킵니다. 『시경』의 사언시四言詩 형식에서 각 시구는 네 글자로 네 개의 소리를 대표하지만, 그 네 글자가 다 의미를 갖지는 않습니다. 다시 말해 많은 시구가 사실 세 글자나 심지어 두 글자밖에 안 되는데, 소리의 측면에서 어사를 이용해 네 글자 형식에 맞게 확장한 겁니다.

아직까지 그런 애매한 부분이 존재했다는 것은 당시 각 문자 기호가 모두 대응하는 의미를 갖고 있지는 않았음을 의미합니다. 그때는 일부 문자 기호가 순수하게 소리의 성질만 띠는 것이 허용되었습니다. 그것을 이용하면 시구 안에서 편리하게 정연한 음성 효과를 두드러지게 할 수 있었지요. 그러다 동주東周 이후부터 중국어에서 소리의 성질만 가진 글자와 단어가 눈에 띄게 줄어듭니다. 고문의 대표적인 조사인 '之'(지), '乎'(호), '者'(자), '也'(야) 등도 소리를 두드러지게 하는 효과가 있기는 하지만, 이런 조사는 다 문법적 기능을 갖고 있는, 의미의 일부입니다. 결코 음성적인 작용만 하지는 않습니다.

『시경』이 기록된 시대에는 수백 년에 걸친 갑골문과 금문金文의 발전으로 문자 체계가 이미 성숙 단계에 들어서 있었습니다. 하지만 문자로 소리를 기록하는 경험이 일천했기 때문에 아직 시험할 여지가 많고 정형화가 덜 된 상태였습니다.

그 시들은 우선 노래 형식으로 존재했기 때문에 멜로디에 맞아야만 했습니다. 그래서 중복되는 부분이 있고 시구마다 정연한 리듬을 갖춰야 했습니다. 또한 그런 이유로 시에 담긴 내용은 대부분 사소한 사건과 감정이었으며, 보통 길이에 한계가 있어 장대한 서사나 거창한 이치는 담을 수 없었습니다.

그 영향으로 중국 문명에서 소리 위주의 문학적 표현은 보통 비교적 짧고 간단합니다. 당나라의 절구絕句가 가장 극단적인 예인데, 20자와 28자가 시 한 편을 이루지요. 율시律詩도 40자와 56자에 불과합니다. 또 짧고 간단한 운문일수록 그 지위는 오히려 높았는데, 그런 가치관의 유래를 소급해 보면 적어도 일부는 표음문자가 발달하지 않아 소리를 직접 기록하기가 불편했던 당시의 특수한 상황과 관련이 있습니다.

세 가지 장르

『시경』에는 '풍아송'이라는 세 가지 서로 다른 장르가 포함되어 있습니다. 그중 가장 많고 내용도 가장 풍부한 장르가 '풍'입니다. '풍'은 민간 가요에 속합니다. 다시 말해 앞

에서 얘기한 채시와 관계가 가장 밀접하지요. '풍'은 '국풍'國
風이라고도 불립니다. 그 가요들이 불린 봉국에 따라 배열되
어 있기 때문입니다. '풍'에 속하는 시는 모두 160수로, 『시
경』에 실린 전체 305수 가운데 절반이 넘습니다. 모두 15편
으로 나뉘는데 각 편의 제목이 지명으로 되어 있습니다.

　『시경』 국풍의 15편은 차례대로 주남周南, 소남召南, 패
邶, 용鄘, 위衛, 왕王, 정鄭, 제齊, 위魏, 당唐, 진秦, 진陳, 회檜,
조趙, 빈豳입니다. 여기에서 위衛, 정, 제, 위魏, 당, 진秦, 진
陳, 조는 봉국인 것이 확실하고, 빈, 패, 용은 지명이지 나라
이름이 아닙니다. 그리고 왕은 주나라 도읍 부근의 지역을
뜻합니다. 따라서 엄밀하게 나라를 기준으로 분류했다고는
볼 수 없는데, 그 이유에 대해 아직까지 신빙성 있는 답은 없
습니다.

　국풍 15편의 첫 두 편은 주남과 소남인데, 주周와 소召
두 글자가 연이어 출현하는 것은 주나라 문헌에서 매우 흔한
일입니다. 서주 건립에 큰 공을 세운 주공과 소공召公이 그
예입니다. 주와 소는 주나라 왕족 계보의 중요한 두 지맥支脈
이었습니다. 주공의 봉국은 노魯나라였고 소공의 봉국은 진
晉나라였습니다. 그런데 『시경』에는 노풍魯風도 진풍晉風도
없고 주남과 소남이 있습니다.

이에 대해 주남은 노나라와 노나라 남쪽의 여러 소국을, 소남은 진나라와 진나라 남쪽의 여러 소국을 가리키며, 따라서 그 지역에서 유행하던 가요라는 견해가 있습니다. 반면에 '남'이 남쪽이라는 뜻이 아니고 주로 합창으로 표현되는 일종의 노래 형식이라는 견해도 있습니다.

국풍 15편 외의 장르에는 먼저 '대아'大雅와 '소아'小雅가 있는데, 이것도 노래이긴 하지만 귀족 사이에서 손님을 초대해 연회를 열 때 불리던 노래입니다. 손님을 초대하거나 남의 집에 방문했을 때 공식적인 자리에서 음악과 함께 부르던 노래이지요. '대'와 '소'는 자리가 얼마나 공식적인가에 따라 나누는 명칭입니다. 하지만 대아든 소아든 다 음악을 곁들였습니다. 국풍의 시편은 아마도 대부분 노래로만 불렸지 악기 반주는 없었을 겁니다. 그러나 '아'는 대부분 악기 연주와 함께 불렸습니다. 단지 그 음악이 실전되었을 뿐이지요. 어떤 사람은 왕관학의 귀족 교육 커리큘럼에서 '악'이 바로 '아'에 맞춰 연주되던 음악이었다고 주장하기도 합니다. 연회 때 예의에 어긋나는 연주를 하지 않도록 귀족도 그 음악을 배워야 할 필요가 있었다는 것이지요.

세 번째 장르는 '송'입니다. '송'은 확실히 구술 내용을 문인들이 정리한 집단의 역사 혹은 집단적 정신교육 자료입니다. 그 성격은 말하기 좋고 기억하기 좋게 만든 『상서』의 구어판에 가깝습니다. 사람들은 '송'을 낭랑하게 부르면서 거기에 담긴 과거의 역사적 교훈을 쉽게 흡수하고 내면화했을 겁니다.

귀족의 기본 교재

「관저」에서 시작되다

『시경』첫 수의 제목은 「관저」입니다. 『시경』의 통례상 각 시의 제목은 대부분 첫 구 맨 앞의 두 글자입니다. 그러나 첫 번째 글자와 두 번째 글자가 같으면 세 번째 글자를 붙여 제목으로 삼았습니다. 그리고 앞의 글자가 허사虛辭이면 뒤의 실사實辭를 끌어와 제목으로 삼았습니다. 그 밖에 시에서 중요한 단어를 택해 제목으로 삼은 경우도 있습니다.

"꾸륵꾸륵 우는 물수리는 모래톱에서 노는데, 아리따운 아가씨는 군자의 좋은 짝이네"라는 「관저」의 첫 부분에서 주로 말하는 것은 인간사입니다. 바로 "아리따운 아가씨는 군자의 좋은 짝이네"입니다. 신분과 지위가 높아 당연히 그에 맞는 적당한 신붓감을 찾아야 하는 남자가 자신이 사모하는 여자에게 구애하려 한다는 내용입니다. 바로 이 상황이 시 전체와 연관되어 있긴 하지만, 처음 두 구에서는 뜻밖에도 자연현상을 이야기합니다. 또 그 자연현상에는 순서가 있습니다. 우선 "꾸룩꾸룩 우는 물수리는"에서 새소리를 듣고 비로소 그 새가 강 한가운데 모래톱에 있는 것을 목격합니다. 새가 시끄럽게 우는 바람에 그 소리가 들리는 곳으로 주의를 돌려 새의 행방을 확인한 것이지요.

『시경』을 읽다 보면 앞 시구가 뒤 시구를 이해하는 데 영향을 줄 뿐만 아니라, 거꾸로 뒤 시구가 앞 시구를 달리 읽도록 암시를 주기도 합니다. 각 시구는 대단히 간결해서 자세한 사정을 밝혀 주지는 않지만, 인간사와 자연을 병렬하는 방법으로 우리의 마음을 자극해 또 다른 상상을 보탭니다.

그래서 "아리따운 아가씨는 군자의 좋은 짝이네"라는 시구를 읽고 우리는 모래톱의 물수리가 왜 울까 돌이켜 생각하게 됩니다. 그 새도 짝을 찾느라 우는 게 아닐까요? 비록 본문에는 명확한 설명이 없지만 독자의 심상에서는 우는 새가 달랑 한 마리일 리 없습니다. 우리 귀에는 물수리 두 마리가 서로 주고받는 소리가 들리지요. 이처럼 앞 시구와 뒤 시구의 의미가 이어지게 됩니다. 그러면 다음 시구를 계속 살펴봅시다.

들쑥날쑥한 마름풀을 이리저리 헤쳐 흘러오게 하고
아리따운 아가씨를 자나 깨나 구하네.
구해도 얻지 못해 자나 깨나 그리네.
아득하고 아득해라, 잠 못 이루며 뒤척이네.

參差荇菜, 左右流之.
窈窕淑女, 寤寐求之.
求之不得, 寤寐思服.
悠哉悠哉, 輾轉反側.

　모래톱에서 짝을 찾아 울던 새에게서 자극을 받은 남자는 마음속의 아가씨에게 구애하고 싶어집니다. 그 아가씨가 얼마나 아리따운지 깨어 있을 때나 꿈속에서나 그녀를 그립니다. 왜 그토록 그리는 걸까요? "구해도 얻지 못해", 즉 그 아리따운 아가씨의 호감을 얻지 못해 "자나 깨나 그리는" 것이겠지요. 여기에서 '思'(사)는 소리와 리듬만 있는 어사입니다. '服'(복)은 바로 누군가를 그린다는 뜻입니다.

　'자나 깨나'를 뜻하는 '寤寐'(오매)는 두 글자 모두 부수가 '爿'(상)입니다. 우리는 '寤'와 '寐'가 각기 깨어 있는 상태와 자고 있는 상태를 가리킨다고 알고 있는데, 사실 이것은 옳지 않습니다. 최소한 그리 정확하지는 않지요. '寤'는 잠자리에 누워 있는데 정신은 말짱한 상태, 즉 잠을 자려고 눕기는 했는데 영 잠이 오지 않는 상태를 말합니다. 그래서 '寤'와 '寐'를 이어서 말하면 잠자리에서 자다 깨다 하는 상태를 가리키는 것이 되며, 이것은 뒤의 "아득하고 아득해라"와 연결됩니다.

　여기에서 우리는 옛날과 오늘날 한자의 의미 변화와 맞닥뜨립니다. 오늘날 '悠'(유)는 유유자적한 상태를 가리킵니다. 하지만 옛날에는 이 글자로 시간의 길이에 대한 느낌을 표현했습니다. 후란청胡蘭成은 일본어로 쓴 『심경수희』心經隨喜에서 본래 이 글자가 '유구悠久하다'는 뜻이라고 말했지요. 서구인은 '久'의 뜻은 이해할 수 있습니다. 물리적 시간의 길이를 뜻하니까요. 그러나 '悠'는 이해하기가 쉽지 않습니다. 특별히 시간에 대한 주관적인 이해를 가리키기 때문입니다. 후란청의 말을 빌려 이야기하면, 때로는 이런 심리적 감성적 시간이 물리적 시간보다 더 절대적입니다.

3분이 짧을 수도 길 수도 있습니다. 물리적으로 초침이 180회 움직이는 것으로만 설명되지는 않습니다. 따라서 "아득하고 아득해라"는 바로 그렇게 주관적 심리적으로 시간이 길게 느껴진다는 표현입니다. 그리움에 빠져 잠자리에 누워서도 자다 깨다를 반복하며 계속 몸을 뒤척이자니 밤 시간이 아득히 긴 것처럼 느껴지는 것이지요.

　　이렇게 설명하면 시의 의미가 분명해집니다. 바꿔 말해 "들쑥날쑥한 마름풀을 이리저리 헤쳐 흘러오게 하고"를 시에서 떼어 내도 시가 전달하려는 정보는 바뀌거나 영향을 받지 않는 듯합니다. 마름풀은 물속에 떠 있는 식물로 길이가 들쑥날쑥한 데다 물속에 있기 때문에 흐늘흐늘해서 시각적으로 가지런하지 못하고 잘 보이지도 않습니다. 또한 강가에서 손을 뻗어 닿을 만한 거리에 있지도 않기에, 허리를 굽히고 손으로 이리저리 물을 휘저어 물살의 힘으로 마름풀이 가까이 흘러오게 해야 합니다. 이것이 바로 "이리저리 헤쳐 흘러오게 하고"의 의미입니다.

　　그렇습니다. 이 여덟 글자는 뒤의 여섯 구와 필연적인 관계는 없습니다. 하지만 어떤 사람이 강가에 쪼그리고 앉아 휘휘 물을 저어 마름풀이 흘러오게 하는 장면을 머릿속에 그려 본 뒤 "아득하고 아득해라, 잠 못 이루며 뒤척이네"를 읽으면, 양자 사이에 묘한 호응이 생기는 것이 느껴집니다. 마치 시각적이거나 심정적인 압운처럼 말이지요.

이어지는 시구는 이렇습니다.

들쭉날쭉한 마름풀을 이리저리 따고
아리따운 아가씨와 거문고와 비파 타며 벗하려네.

參差荇菜, 左右采之.
窈窕淑女, 琴瑟友之.

마름풀과 아가씨의 관계가 더 가까워졌습니다. 앞에서 물을 이리저리 휘저어 마름풀을 흘러오게 했는데, 여기서 한 걸음 더 나아가 강가에 닿은 마름풀을 물속에서 따 냅니다. 마름풀이 나오는 두 구는 연속 동작인 셈이지요. 먼저 "이리저리 흘러오게 하고"서 "따"는.

그래서 영화의 수평 몽타주parallel montage 같은 효과가 생깁니다. 마름풀을 따는 동작과 나란히 교차 편집되는 장면은 당연히 남자가 아가씨에게 구애하는 장면입니다. 전자의 연속 동작에서 보이는 인과관계 역시 수평적 교차 편집을 통해 후자에 영향을 끼칩니다. 나란히 읽어 보면, 마름풀을 따기 위해 먼저 그것을 흘러오게 해야 했던 것처럼 아가씨에게 구애하기 위해 먼저 "거문고와 비파 타며 벗해야" 합니다. 사이좋은 거문고와 비파의 음악으로 아가씨가 친근한 느낌을 갖게 만드는 것이지요.

그리고 다시 시선이 마름풀로 향합니다.

들쑥날쑥한 마름풀을 이리저리 삶고

參差荇菜, 左右芼之.

우선 '삶다'로 번역하기는 했지만 '芼'(모)는 본래 두 가지 뜻이 있습니다. 하나는 고른다는 뜻입니다. 마름풀을 건져 그중에서 괜찮은 것을 골라낸다는 것이지요. 다른 하나가 삶는다는 뜻인데, 건져 낸 마름풀을 집에 가져가 삶는다는 겁니다. 둘 중 어느 쪽이든 앞부분과 이어지는 동작입니다. "흘러오게 하고"서 "따고", "따고"서 "삶는" 것이지요. 아가씨를 향한 남자의 구애도 이에 상응하여 앞뒤로 이어집니다.

처음에 구애하고픈 생각이 든 뒤, 심각하게 짝사랑을 하며 잠 못 이루다 한 가지 좋은 방법이 떠오릅니다. 바로 음악을 이용해 그녀에게 접근하는 것이지요. 그래서 "거문고와 비파 타며 벗하여" 그녀의 환심을 사려 합니다. 마지막 시구에서도 그 방법은 계속 사용됩니다.

아리따운 아가씨와 종과 북을 치며 즐기려네.

窈窕淑女, 鐘鼓樂之.

그런데 같은 악기여도 종과 북은 주나라 때 의식에서 특별한 쓰임새가 있었습니다. 보통 경사나 시끌벅적한 행사의 대명사였지요. 따라서 이 시구는 아가씨를 아내로 삼아 종을 치고 북을 울리며 집에 돌아가는 것으로 해석하는 게 합리적입니다. 이렇게 해석하면 앞 시구의 '芼'도 삶는다는 뜻으로 풀이해야 두 상황이 서로 긴밀하게 연결됩니다.

복숭아나무의 변화

다음으로 「도요」桃夭를 읽어 보겠습니다. 「관저」보다 더 짧고 간단한 시입니다.

여리고 무성한 복숭아나무에 활짝 꽃 피었네.

桃之夭夭, 灼灼其華.

'夭夭'(요요)는 여리고 무성하다는 뜻입니다. 우리 눈앞에 여린 잎의 생기발랄한 복숭아나무 한 그루가 있는데, 불빛처럼 선명한 꽃을 활짝 피웠다고 상상해 보십시오. 여덟 글자로 복숭아나무를 묘사하는 동시에 봄의 분위기를 명확히 표현했습니다. 3월과 4월 사이가 복사꽃이 만개하는 시기이지요.

시집가는 아가씨가 그 집에서 잘 살았으면.

之子于歸, 宜其室家.

머지않아 시집가는 아가씨가 새 집에서 잘 적응해 살며 시집에 큰 도움이 되기를 바라고 있습니다. 본래 중국어는 시제 변화가 명확하지 않기 때문에 이 부분을 이미 일어난 사실에 대한 서술로 간주해 "시집간 아가씨가 그 집에서 잘 산다네"라고 해석할 수도 있고, 현재진행형이나 미래형으로 봐서 "그 집에서 잘 살았으면"이라는 기대의 말로 해석할 수도 있습니다.

그런데 앞에서 "여리고 무성한 복숭아나무"가 시사하는 봄의 분위기로 인해 묘하게도 우리는 자연스레 이 부분을 현재진행형으로 간주해야 한다고 생각하게 됩니다. 그래서 전통적인 해석은 대부분 이 작품을 여성의 출가를 축복하는 시로 보았습니다. 이것 역시 자연현상과 인간사의 병렬이 낳은 특수한 연상 효과입니다.

두 번째 시구를 보겠습니다.

여리고 무성한 복숭아나무에 주렁주렁 열매 맺었네.

시집간 아가씨가 그 집에서 잘 살았으면.

桃之夭夭, 有蕡其實.

之子于歸, 宜其家室.

첫 번째 시구와 거의 차이가 없습니다. 운을 바꾸려고 '宜其室家'(의기실가)를 '宜其家室'(의기가실)로 바꿨지만 뜻에는 변화가 없습니다.

마지막 세 번째 시구입니다.

여리고 무성한 복숭아나무에 그 잎사귀 무성하네.
시집간 아가씨가 그 집에서 잘 살았으면.

桃之夭夭, 其葉蓁蓁.
之子于歸, 宜其家人.

'家室'을 '家人'(가인)으로 운을 또 바꿨는데, 이것은 '蓁'(진)과 함께 압운한 것입니다.

겉으로 보면 모두 형식적인 변화, 특히 소리의 기호에서 비롯된 변화에 불과한 듯합니다. 그러나 조금 더 깊이 뜻을 파고들면 그렇게 단순하지는 않은 것 같습니다.

두 번째 시구에서 먼저 "주렁주렁 열매 맺었네"라고 나무에 크고 탐스러운 과일이 열린 모습을 형용한 뒤, 세 번째 시구에서 "그 잎사귀 무성하네"라고 나무에 잎이 빽빽하게 돋아난 모습을 묘사했습니다. 꽃에서 과일로, 그리고 과일이 떨어진 뒤의 나무 가득한 초록 잎으로 이어지는 과정은 곧 시간의 진행 과정입니다. 나무의 변화로 초봄에서 늦봄 그리고 한여름에 이르는 계절의 변화를 느끼게 하는 것이지요. 앞에서 이런 계절감이 제시됨으로써 본래는 그저 소리가 바뀌었을 뿐인 시구 역시 우리에게 사뭇 다른 인상을 줍니다.

번역은 어쩔 수 없이 모두 '그 집'이라고 했지만, 대응하는 원문의 단어인 '室家', '家室', '家人'은 뜻이 완전히 똑같지는 않습니다. 이렇게 나란히 놓고 보면 계절의 진행과 호응하는 어떤 순서가 있습니다. 시집가는 여자는 맨 처음 시가인 집家과 관계가 생깁니다. 그리고 시집을 가서 감정이 생기기 시작하는데, 포인트는 집이 더 작고 친밀한 공간인 방室으로 바뀐 겁니다. 집에 자신에게 속하는 작은 공간이 생긴 것이지요. 그다음은 뭘까요? 시간이 더 지나면서 시집간 여자와 그 집 사이에는 제도적 혼인 관계뿐만 아니라 필연적으로 사람과 사람의 관계도 생깁니다. 사람들이 함께 지내면서 생기는 개별적인 감정이지요. 그래서 '家人'이라고 한 겁니다.

시간의 흐름에 따른 복숭아나무의 변화는 '시집가는 아가씨'의 사정에 관심을 쏟도록 우리를 유도합니다. 이어서 우리는 복숭아나무의 변화에 그 아가씨의 삶의 변화가 놀랄 만큼 정연하게 호응하고 있음을 깨닫게 됩니다. 매우 간단한 시인데도 알고 보면 이토록 입체적입니다.

질경이 뜯는 젊은 부인들

또 다른 규칙을 보여 주는 시 「부이」茉苢를 읽어 봅시다.

이 시는 그 형식적 규칙이 한눈에 들어옵니다. 모두 여섯 구절로 이뤄져 있고 각 구절은 앞뒤 두 구로 나뉩니다. 앞 구는 모두 '采采芣苢'(채채부이) 네 글자이고, 뒤 구는 네 글자 중 세 글자가 여섯 구절에서 모두 동일합니다. '薄言…… 之'(박언…… 지)가 그것이지요. 결국 여섯 구절이 배열되어 있지만, 한 구절을 이루는 여덟 글자 중 일곱 글자가 여섯 번 반복되는 셈입니다. 각 구절은 다른 구절과 겨우 한 글자만 다른 것이지요.

무슨 시인이 이렇게 게으르단 말입니까! 여섯 구절을 겨우 여섯 글자만 바꾸며 반복하다니, 이것도 시라고 할 수 있을까요? 그러면 구체적으로 시의 내용을 보고 판단해 보기로 하지요.

'부이'는 질경이라는 풀입니다. 씨앗이 굉장히 많이 달려서 옛사람들은 이 풀을 번식력의 상징으로 보았습니다. 그래서 젊은 부인이 질경이를 먹으면 그 번식력이 아이를 낳는 데 도움이 될 것이라 생각했지요. 이것이 이 시의 배경입니다. 시에는 명확한 설명이 없지만 이런 배경을 이해하고 나면, 시에서 임신의 기대를 품고 질경이를 캐러 간 젊은 부인들을 묘사하고 있음을 알게 됩니다. 아마도 이 시는 여자들의 노래로 합창곡이었을 겁니다. 시 자체도 떠들썩한 느낌을

주는데, 생명에 대한 기대로 들뜬 활력 가득한 젊은 여인들
이 마치 눈앞에 있는 듯합니다.

뜯고 뜯네 질경이를, 질경이를 뜯어 보세.
뜯고 뜯네 질경이를, 질경이를 뜯었네.
뜯고 뜯네 질경이를, 질경이를 주웠네.

采采芣苢, 薄言采之.
采采芣苢, 薄言有之.
采采芣苢, 薄言掇之.

세 구절에 걸쳐 "뜯고 뜯네 질경이를"이 반복되며, '之'
(지)는 질경이를 가리키므로 또 한 번 반복되는 셈입니다. 그
리고 중간의 '薄言'(박언) 두 글자는 어사로서 뜻이 없습니다.
이런 시는 너무 단순해서 단조롭고 무료하지 않을까요? 의
미를 가진 글자가 몇 개 없어 너무 빈약한 것 같기도 합니다.

우선은 평가를 유보하고 이 시가 무슨 이야기를 하는
지 이해해 보기로 합시다. 첫 번째 구절에서 핵심은 '薄言采
之'(박언채지)의 '뜯을 채'采 자이며, "우리 질경이를 뜯어 보
자" 정도의 의미입니다. 두 번째 구절은 "질경이를 뜯었네"

이니 질경이를 뜯어서 챙겼다는 겁니다. 세 번째 구절은 질경이를 뜯다가 땅바닥에 떨어뜨린 것을 허리를 굽혀 줍는 것을 말합니다.

　나머지 세 구절을 보겠습니다.

　뜯고 뜯네 질경이를, 질경이를 뽑았네.
　뜯고 뜯네 질경이를, 질경이를 담았네.
　뜯고 뜯네 질경이를, 질경이를 감쌌네.

　采采芣苢, 薄言捋之.
　采采芣苢, 薄言袺之.
　采采芣苢, 薄言襭之.

　네 번째 구절의 동사는 '捋'(날)인데, 손을 뻗어 뽑는 동작을 뜻합니다. 뜯기 쉬운 질경이를 다 뜯고 떨어뜨린 것까지 주웠는데 아직 양이 모자랐나 봅니다. 그래서 멀리 있어 뜯기 힘든 것까지 손을 뻗어 힘껏 뽑은 겁니다.

　이어서 '薄言袺之'(박언결지)는 넓은 옷섶을 보자기 삼아 뜯은 질경이를 담은 것을 뜻합니다. 마지막 구인 '薄言襭之'(박언힐지)는 그 옷섶을 동여매 질경이를 감싸는 동작을 가리킵니다.

　일련의 동작이 일사분란하게 순서대로 이어집니다. 먼저 질경이를 뜯고, 땅에 떨어뜨린 것을 줍고, 이어서 양이 모자란 것 같아 멀리 있는 것까지 뽑습니다. 그리고 집에 돌아가려고 질경이를 옷섶에 담아 꼼꼼히 감쌉니다.

　이런 순서로 인해 동작의 묘사에 감정과 감수성을 자극하는 힘이 생깁니다. 우리는 그들이 기대를 품고 질경이를 캐는 심정에 공감하게 되지요. 그들은 질경이를 조금이라도 더 캐서 임신 기회를 늘려 보고자 합니다. 하지만 그렇게 엄숙하고 진지해 보이지는 않습니다. 광주리를 가져가 질경이를 담는 것도 아닙니다. 아무래도 다들 무리 지어 어딘가에 가는 도중에 우연히 수북하게 자란 질경이를 보고 마음이 동해 즉석에서 뜯는 것 같습니다.

　이 시는 실제로 뜻을 담은 글자만 보면 "질경이를 뜯고, 갖고, 줍고, 뽑고, 담고, 감쌌네"라고 줄여 부를 수 있습니다. 하지만 그러면 너무 재미가 없겠지요. 그래서 "뜯고 뜯네 질경이를, 질경이를 뜯어 보세. 뜯고 뜯네 질경이를, 질경이를 뜯었네. 뜯고 뜯네 질경이를, 질경이를 주웠네……"라는 식으로 시적으로 표현해, 연속되는 동작을 소리로 길게 늘여 특수한 리듬감을 부여합니다. 그리고 '采采芣苢'(채채부이)에서 '采'(채)를 두 번 반복해 맨 앞에 놓음으로써 자연스럽게 집단적인 행동을 연상하게 합니다. 나아가 이 시를 소리 내어 읽을 때에도 비슷한 소리가 재잘재잘 연속되어 역시 한 사람이 아니라 여러 사람을 묘사하고 있다는 느낌을 줍니다.

정결한 아가씨

「채빈」採蘋을 보겠습니다. 질경이를 다 뜯고 이번에는 수초인 개구리밥을 뜯으러 나선 셈이라 할 수 있겠네요.

「채빈」은 『시경』의 문답체 형식을 대표하는 작품입니다. 노래할 때 두 파트로 나누어 한 파트가 물으면 다른 파트가 대답하는 식으로 되풀이되는 형식입니다.

어디에서 개구리밥을 땄지요? 남쪽 골짜기 시냇물에서요.

于以采蘋? 南澗之濱.

'于以'(우이)는 의문사로 '어디에서'라는 뜻입니다. '蘋'(빈)은 수초인 개구리밥이지요. 물에 떠다니며 늦여름에는 작고 하얀 꽃을 피워 때로는 '백빈'白蘋이라고도 불립니다. 이

개구리밥을 어디에서 땄느냐는 질문에 남쪽 골짜기 시냇물에서 땄다고 답합니다.

어디에서 마름풀을 땄지요? 흐르는 도랑물에서요.

于以采藻? 于以行潦.

또 어디에서 마름풀을 땄느냐고 묻자, 이번에는 물이 맑고 물살이 빠른 도랑에서 땄다고 답합니다.

왜 이렇게 물었을까요? 대답에서 그 이유를 찾아봅시다. 첫 번째 구절의 '남쪽 골짜기 시냇물'이나 이 구절의 '흐르는 도랑물'은 다 물살이 빠른 탓에 오물이 쌓이지 않아 물이 맑습니다. 그래서 깨끗한 수초를 딸 수 있지요. 더구나 '采蘋'(채빈)의 '蘋'이 만약 하얀 꽃이 핀 백빈을 가리킨다면 이때는 한창 무더운 늦여름입니다. 이럴 때 물 맑은 골짜기 시냇물이나 흐르는 도랑물에 맨발로 들어가면 얼마나 상쾌할까요?

이 두 구절에서 우리는 맑고 시원한 기분을 느낄 수 있습니다. 그러면 여기에서 왜 그렇게 물었는지 계속 그 이유를 찾아봅시다. 바로 상대가 가져온 개구리밥과 마름풀이 어디서 따 온 것인지 알고 싶었기 때문입니다. 아무 데서나 따와도 되는 게 아니었나 봅니다.

이어서 또 다른 질문이 나옵니다.

어디에 담았지요? 네모난 광주리와 둥근 광주리에요.
어디에 삶았지요? 세 발 솥과 발 없는 솥에요.

于以盛之? 維筐及筥.
于以湘之? 維錡及釜.

딴 뒤에는 어디에 담았을까요? 네모난 광주리와 둥근 광주리에 담았습니다. 담아 돌아와서는 어디에 삶았을까요? 큰 솥에 삶았습니다. '錡'(기)는 밑에 발이 세 개 달려 세워 놓을 수 있는 큰 솥입니다. '釜'(부)도 큰 솥이긴 하지만 밑이 둥글어 아궁이에 놓아야 쓸 수 있습니다.

아, 개구리밥과 마름풀을 따 온 장소만이 아니라 그것을 담고 삶은 도구도 따지는군요. 상황에 대해 미리 아는 게 없어도 우리는 네 번의 문답을 통해 개구리밥과 마름풀이 앞의 질경이와는 달리 놀면서 따거나 혹은 아무렇게나 옷섶에 담아 와도 되는 것이 아니었음을 알게 됩니다.

왜 그렇게 신중하게 일을 했을까요? 마지막 두 구절을 보면 알 수 있습니다.

어디에 놓았지요? 사당 창문 밑에요.
누가 시尸를 맡았지요? 어린 제나라 아가씨가요

于以奠之? 宗室牖下.
誰其尸之? 有齊季女.

삶은 뒤에는 어디에 놓았을까요? 사당 안의 창 밑에 두었습니다. 본래 그 개구리밥과 마름풀은 제사용이었던 겁니다. 그래서 그렇게 꼬치꼬치 따졌던 것이고요. 오늘날 우리는 제사를 지낼 때 보통 신주나 신상으로 제사를 받는 대상을 나타내지만 주나라 때는 달랐습니다. 신주는 이름을 적어 역대 조상을 나타낸 것입니다. 이것은 사실 문자의 신성성에서 파생된 결과인데, 적어도 서주 시대에는 그런 관습이 없었습니다. 이 시의 마지막 구절에 있는 '시尸'가 바로 주나라 때의 제사 방식을 가리킵니다. 한 사람, 보통은 여성을 택해 제사를 받는 조상을 대신하게 했지요. 또한 그 여성은 특별히 정결하고 아름다워야 했습니다.

따라서 마지막 질문은 누가 제사에서 '시'의 역할을 맡았느냐는 겁니다. 그 사람은 제나라에서 시집온 어린 아가씨라는군요. 앞에서 개구리밥과 마름풀을 따 온 과정을 꼬치꼬치 따졌던 것이 자연스레 제나라 출신 아가씨에게도 투사되어, 더 이상 많은 말로 그녀를 형용할 필요가 없습니다. 읽다 보면 저절로 그녀의 정결함과 아름다움이 느껴집니다.

문답체로 표현된 이 시에서 문답은 표면적인 형식에 그치지 않고 시가 구축하려는 정경과도 긴밀히 연관됩니다. 하나하나 자세히 물어 '채빈'이라는 일을 감히 소홀히 하지 않았음을 보여 주지요. 또한 제사에 쓰이는 물건이 정결한지 아닌지 집요하게 따져 묻습니다. 개구리밥과 마름풀을 캔 곳도, 개구리밥과 마름풀 자체도, 또 담아 온 용기와 삶은 솥도 정결해야 했습니다. 그것을 놓은 곳도 빛이 잘 드는 밝은 창문 밑이어야 했고요. 이런 주제가 처음부터 끝까지 이어져 잘 가려 뽑은 어린 아가씨에게로 이릅니다.

모두 여섯 구절로 이루어진 이 시에서 앞의 다섯 구절은 모두 '于以'(우이)로 시작되는데, 마지막 단락만 예외입니다. '어디에서'를 묻지 않고 '누구인지'를 묻지요. 소리와 의미가 전환되면서 특별히 주의를 끄는 구절입니다. 그래서 우리는 앞에서 그렇게 정결하고 밝은 것을 따졌던 것이 '어린 제나라 아가씨'의 정결함과 밝음을 강조하기 위해서였음을 알게 됩니다.

『시경』을 숙독한 태자

서한의 유향劉向이 엮은 『설원』說苑*에는 많은 옛날이야기가 담겨 있는데, 그중에 위魏나라 문후文侯에 관한 이야기인 「봉사」奉使가 있습니다.

위문후의 장자였던 격擊은 예법에 따라 마땅히 태자가 되어야 했지만, 위문후는 그가 별로 마음에 들지 않아 아직 미성년일 때 중산中山의 제후로 봉하여 도읍을 떠나게 했습니다. 격은 중산에 가서 3년간 도읍에 못 돌아왔고 부친도 만나지 못했습니다. 이때 막료인 조창당趙倉唐이 격에게 말했습니다.

"자식으로서 3년이나 부친께 문안을 드리지 않은 것은 불효입니다. 부친으로서 3년이나 자식에게 안부를 묻지 않은 것도 자애롭지 못한 것입니다. 왜 이처럼 옳지 않은 채로 지내시는 것입니까? 사신을 보내 부친을 뵙게 하시지요."

중산군中山君 격이 말했습니다.

"나도 진작부터 그러고 싶었네만, 그럼 누구를 보내야

---

* 역사 고사집으로 선진시대부터 서한까지의 이야기를 망라하며, 모두 21권이다(지은이).

하겠나?"

조창당이 스스로 가겠다고 용감하게 나서며 격에게 물었습니다.

"그런데 부친께선 무엇을 좋아하십니까?"

"아버지는 북쪽 개와 들오리를 좋아하시네."

그래서 조창당은 북쪽 개와 들오리를 갖고 위문후를 만나러 갔습니다.

위나라 궁정에 도착한 조창당은 신중하게 자신이 장자 격이 보낸 사신이라고 안에 말을 전했습니다. 대부들이 위문후를 만나려면 멋대로 안에 들어가서는 안 되고 접견할 여유가 되는지 미리 물어봐야 했기 때문입니다. 그러고서 조창당은 들오리를 주방에 갖다 주고, 북쪽 개는 애완동물을 관리하는 자에게 넘겼습니다.

소식을 듣고 위문후는 아들이 자기가 무엇을 좋아하는지 기억하고 있는 것이 기뻐 얼른 조창당을 불러 물었습니다.

"격은 잘 있는가?"

조창당이 "유유"唯唯라고 답했습니다. "네, 네" 정도의 뜻이지요. 위문후가 또 물었습니다.

"격은 별 문제가 없겠지?"

조창당은 이번에도 "유유"라고 답했습니다. 위문후는

조금 이상해서 따져 물었습니다.

"내가 묻는데 왜 그렇게 대충 대답하는가?"

조창당은 그제야 진지하게 말했습니다.

"군주께서는 이미 저의 주인을 중산군으로 봉하셨는데, 제 면전에서 직접 그분의 이름을 부르시니 예의상 대답하기가 곤란합니다."

위문후는 깜짝 놀라 말투를 바꿔 물었습니다.

"중산군은 어떠한가?"

조창당은 비로소 정식으로 답했습니다.

"제가 올 때 중산군은 제게 친히 군주께 올릴 서신을 주었습니다."

위문후가 또 물었습니다.

"중산군은 이제 나보다 키가 더 큰가?"

3년 전 중산군에 봉해졌을 때 격이 나이가 어렸음을 알 수 있습니다.

"감히 비교할 수는 없지만 군주께서 옷을 하사하시면 중산군의 몸에 꼭 맞을 듯합니다."

이런 완곡한 방식으로 격이 벌써 위문후만큼 키가 컸음을 표현했습니다.

"중산군은 평소에 어떤 책을 읽는가?"

"『시경』을 읽습니다."

위문후는 또 물었습니다.

"『시경』의 어떤 시를 좋아하는가?"

조창당은 분명히 그런 질문이 나올 줄 알았을 겁니다.

"「신풍」晨風과 「서리」黍離를 좋아합니다."

이 대답을 듣고 위문후는 즉석에서 「신풍」을 읊었습니다.

빨리 나는 새매는 울창한 북쪽 숲에 깃드는데

아직 그대를 보지 못해 걱정스러운 마음 답답하니

어찌하나 어찌하나, 나를 까맣게 잊으셨나.

鴥彼晨風, 鬱彼北林.

未見君子, 憂心欽欽,

如何如何, 忘我實多.

새매가 날아드는 울창한 숲이 비록 아름답기는 하지만, 그리운 사람을 보지 못해 울적한 마음을 달래 주지는 못합니다. 화자는 도대체 무슨 일이 있기에 그 사람이 자기를 완전히 잊은 것인지 탄식합니다.

시를 다 읊고서 위문후는 감개무량해하며 말했습니다.

"중산군은 내가 자기를 잊었다고 생각하는가?"

조창당이 답했습니다.

"어찌 감히 그러겠습니까? 다만 늘 군주를 그리워할 뿐입니다."

위문후는 이어서 「서리」를 읊었습니다.

저 기장은 이삭이 늘어지고 저 피는 싹이 돋았는데

걸음은 더디고 마음은 이리저리 흔들리니

나를 아는 자는 내가 걱정이 많다 하고

나를 모르는 자는 내가 바라는 게 있다 하네.

아득히 푸른 하늘이여, 이것은 누구 때문인가?

彼黍離離, 彼稷之苗.

行邁靡靡, 中心搖搖.

知我者謂我心憂, 不知我者謂我何求.

悠悠蒼天, 此何人哉?

화자는 마음속에 걱정과 갈등이 있어 걷는 것조차 불안한데, 그를 이해하는 사람은 그가 근심 때문에 그렇다는 것을 알지만, 그를 이해하지 못하는 사람은 무슨 욕심이 있어 그렇다고 생각합니다. 그는 "아, 하늘이여. 그렇게 나를 오해하는 사람이 있다니!"라고 탄식합니다.

위문후는 시를 읊으며 그 뜻을 새기고는 조창당에게 묻습니다.

"중산군은 나를 원망하는가?"

조창당은 앞선 대답과 똑같은 말로 응대합니다.

"어찌 감히 그러겠습니까? 다만 늘 군주를 그리워할 뿐입니다."

위문후는 자신의 옷을 잘 싸서 조창당에게 주며 특별히 당부합니다.

"새벽에 닭이 울 때 중산군에게 이 선물을 주게."

조창당은 중산에 돌아가 그 말대로 했습니다. 중산군이 선물을 풀어 보니 위에 바지가, 아래에 저고리가 놓여 있었습니다. 그는 즉시 말했습니다.

"수레를 준비하게. 도읍에 가서 아버님을 뵈어야겠네. 군주께서 나를 부르셨네."

조창당은 깜짝 놀라 얼른 그를 일깨웠습니다.

"그런 말씀은 없으셨습니다. 제가 떠날 때 이 선물을 주셨을 뿐입니다."

중산군이 그에게 설명했습니다.

"아버님이 내게 옷을 주신 것은 추위를 막으라는 뜻이 아닐세. 나보고 당신을 뵈러 도읍에 오라는 뜻을 에둘러 표현하신 것이지. 저고리와 바지를 거꾸로 놓고 자네에게 닭 우는 시간에 내게 주도록 하신 것은 『시경』의 '동도 트지 않았는데 저고리와 바지를 거꾸로 입었네, 거꾸로 입은 것은 왕공이 불러서라네'東方未明, 顚倒衣裳, 顚之倒之, 自公召之라는 구절에서 따온 걸세."

중산군이 도읍에 들어가니 위문후가 크게 기뻐하며 잔치를 열어 주고 그를 태자로 책봉했습니다.

귀족의 대화의 기초

이 이야기는 동주 시대 '『시경』의 가르침'詩敎이 낳은 실제적인 효과를 알게 해 줍니다. 귀족 신분이었던 사람들은 모두 『시경』을 읽고 『시경』의 시구를 줄줄 암송해야 했습니다. 그래서 그 시구들은 그들이 서로 소통하는 일종의 코드화된 언어coded language가 되어, 직접적으로 말하기 불편하거나 부적합한 의미를 표현하는 수단으로 기능했습니다. 더욱이 봉건제도에는 엄격한 상하 질서가 있어서 계층 간 존비尊

뽀 관계를 유지하기 위해 사람과 사람 사이에 말해서는 안 되는 것과 말하고 싶어도 할 수 없는 것이 존재했습니다. 그래서 『시경』의 시구로 이뤄진 코드화된 언어가 매우 중요하고 또 유용했습니다.

한 걸음 더 나아가, 춘추시대 이후 갈수록 복잡해진 국가 간의 관계에서 코드화된 언어는 자연히 외교에까지 이용되었습니다. 당시 봉건 예법은 서주 시대만큼 정연하고 안정되지는 못했습니다. 점차 붕괴가 시작되고 있었지요. 하지만 아직까지는 전국시대만큼 그렇게 노골적인 '힘'과 '이익'의 추구가 부각되지는 않았습니다. 여전히 예법이 일반 귀족의 행위를 고도로 구속하는 힘으로 작용했지요. 그래서 외교 현장에서 힘이 약한 나라가 봉건 예법을 교묘하게 이용해 강국의 침탈을 막을 수도 있었습니다. 다른 한편으로 야심만만한 대국도 봉건적 유대 관계를 이용해 연맹을 발전시키고 자신의 세력을 확장해야 했습니다.

외교적 절충에 관여한 이들은 모두 전통적인 귀족 교육의 수혜자였습니다. 그래서 『시경』의 갖가지 내용을 이용할 수 있었고, 예의를 지키면서 암암리에 힘을 겨루고 관계를 맺었습니다. 가끔씩 『상서』와 『역경』을 끌어와 인용하기도 했지만 범위와 빈도 면에서 『시경』에는 한참 못 미쳤습니다.

만약『시경』의 내용에 대한 공통 인식이 없었다면 절대 다수의 외교적 언사가 쓰이지 못했을 겁니다. 위문후가「신풍」과「서리」를 암기하고 있지 못했다면 조창당의 책략은 실패로 돌아갔을 것이며, 중산군 격도「동방미명」東方未明의 시구를 몰랐다면 위문후의 시험을 통과하지 못해 아버지가 그냥 옷을 선물해 줬다고만 생각했을 겁니다.

「동방미명」은『시경』제풍齊風에 실린 시편으로,『설원』에 인용된 것은 그 첫 번째 구절입니다. 어떤 대신이 날이 밝기도 전에 일어나 옷을 입는데 너무 어두워 바지와 저고리를 거꾸로 입고 말았고, 그렇게 된 것은 군주가 너무 일찍 조정에 나오라고 했기 때문이라는 내용입니다.

두 번째 구절은 "동도 트지 않았는데 바지와 저고리를 거꾸로 입었으니, 거꾸로 입은 것은 왕공이 명해서라네"東方未晞, 顚倒裳衣, 顚之倒之, 自公令之로, 앞 구절과 의미가 똑같습니다. 글자와 운을 바꿨을 뿐입니다. '晞'(희)는 아침의 희미한 빛을 의미하지요. 동녘이 아직 희붐하지도 않은데 일어나서 옷을 입다 실수를 한 것은 다 군주가 너무 일찍 조정에 나오라고 명했기 때문이라는 겁니다.

세 번째 구절에서는 집을 나선 뒤의 상황을 묘사하는데, 앞에서보다 더 낭패스럽습니다.

버드나무 울타리를 부러뜨리고 미치광이처럼 허둥거리네.
밤낮을 구분 못해 이른 아침 아니면 늦저녁이네.

折柳樊圃, 狂夫瞿瞿.
不能辰夜, 不夙則莫.

날이 아직 밝지 않아 잠시 마당의 대문을 찾지 못해 버드나무 가지로 엮은 울타리를 밟아 망가뜨리고 맙니다. 그렇게 비틀거리면서 미치광이처럼 허둥대며 사방을 둘러보지요. 그래서 결국에는 원망을 하게 되는데, 자기가 이런 꼴이 된 것도 군주가 조정에 나오는 시간을 너무 일찍 혹은 너무 늦게 정하였기 때문이라는 겁니다.

이 시는 본래 제나라의 벼슬아치가 아침에 일어나 허둥대면서 국정의 부조리함을 비판하는 내용으로 『설원』「봉사」奉使의 이야기와는 전혀 무관합니다. 위문후가 이 시에서 아이디어를 얻어 아들을 시험한 것은 전형적인 '단장취의'斷章取義라고 볼 수 있지요. 시의 일부를 완전히 다른 문맥에 끼워 넣어 이용한 것이니까요. 이것은 춘추시대에 흔히 사용되던 방법입니다. '단장취의'는 이처럼 시구의 사용 범위를 넓히고 더 교묘하게 운용하는 것을 가능하게 했습니다.

중국 최초의 시 전집?

그러나 보편적으로 행해진 '단장취의'는 후대 사람들이 『시경』을 이해하는 데 방해가 되었습니다. 『시경』의 시를 인용한 문헌 속의 수많은 기록은 훗날 중국의 '주석 전통'의 중요한 자료가 되었습니다. 그래서 '단장취의'가 낳은 의미들이 마치 그 시구의 본래 해석인 것처럼 간주되었습니다. 특히 시구가 정치 외교 분야에 옮겨져 쓰인 경우에는 각 시가 마치 정치적 도덕적 함의가 있는 것처럼 해석되었지요. 결국 이로 인해 『시경』「대서」*의 '미언대의'라는 논리가 나와 독자에게 '대의'의 안경을 씌우는 바람에 시의 본래 의미를 파악하기 어렵게 되고 말았습니다.

오늘날 우리는 그 '주석 전통'에서 벗어나 있으므로 굳이 그런 선입견을 갖고 『시경』을 읽을 필요가 없습니다. 시의 내용은 본래 그렇게 대단하지 않습니다. 혹은 시의 대단한 점은 군주를 풍자하는 뜻을 은밀히 담았거나, 위대한 인물을 묘사해 서로 전했거나, 엄청난 역사적 사건을 에둘러

---

* 「시서」(詩序, 혹은 「모시서」(毛詩序)라고도 한다)는 『시경』의 서문으로 『시경』에 관한 연구 저작인 동시에 한나라 시대의 『시경』 관련 주요 문헌이다. 「시서」는 또 「대서」와 「소서」(小序)로 나뉘는데, 전자는 책 전체의 서문이고 후자는 각 시의 해제다. 작자는 미상이다(지은이).

기록하고 평가한 데 있지 않습니다. 반대로 대부분의 시는 민간에서 불리며 전승된 것이어서 일상의 소소한 사건과 감정을 담고 있습니다. 서민적 색채가 매우 강하지요.

『시경』을 통해 우리는 주나라 사람이 새로 건립한 문화가 어떻게 하층계급까지 영향을 끼쳐 일상생활의 근본 가치를 형성했는지 엿볼 수 있습니다. 주나라가 상나라의 뒤를 이은 것은 단순한 왕조 교체만 의미하지 않았습니다. 그것은 고대 중국 문명이 대전환을 맞은 계기였습니다. 귀신을 숭배하고 술의 힘을 빌려 광기와 초월을 경험하던 문명이 이성적이고 냉정하며 환란에 대한 경계심을 늦추지 않는 동시에 현세에 관심을 집중하는 문명으로 바뀌었습니다. 아울러 우리는 『시경』이 귀족 교육의 핵심 부분이 됨으로써 민간의 가치가 거꾸로 주나라 통치자의 기본 세계관에 지속적으로 영향을 끼치고 제한을 가했다는 것도 미루어 알 수 있습니다. 이런 반복적인 순환이 봉건 질서의 가장 중요한 지주가 되어 상하 간의 가치 체계를 연결하고 계급 격차의 발생을 방지해 주나라의 봉건 질서를 그토록 오래 유지시킨 겁니다.

예전 타이완의 교과서에서는 『시경』이 중국 최초의 시전집이라고 가르쳤습니다. 괄호 넣기 시험에서도 "『시경』은 중국 최초의 (   )이다"라는 문제가 나오곤 했지요. 저는 괄호 안에 '시집'이라고 썼다가 점수를 받지 못했습니다. 그 후로 여러 해가 지나도록 정답에 승복하지 못했지요. 점수를 못 받아서가 아니라 정답이 이치에 어긋난다고 생각했기 때문입니다.

'시 전집'이라는 견해는 『시경』이 그 시대의 모든 시를 수록했다는 전제에서 나온 겁니다. 한 시대의 시를 다 모았는데 어떻게 시가 305수밖에 안 되느냐고 누가 묻는다면 아마 '공자산시설'孔子刪詩說에 따른 답변을 들을 겁니다. 『시경』의 분량은 본래 지금보다 훨씬 더 많았는데, 성인인 공자가 '술이부작'述而不作, 즉 기록만 하고 창작은 하지 않는 방식으로 가장 훌륭하고 중요한 것만 뽑아 지금의 정본을 만들어 남겼기 때문이라는 답변 말입니다.

사실 공자산시설은 신빙성이 없습니다. 설사 공자가 정말 그랬더라도, 예컨대 공자가 3천 수를 간추려 3백 수로 만들었다고 하더라도 그 『시경』 원본이 '전집'이었음을 증명할 수는 없습니다.

진실은 그 305수가 왜 남았고 무슨 기준으로 선택됐는지, 또 남은 것과 사라진 것 사이의 차이는 무엇이며 남고 사라진 과정은 구체적으로 어떠했는지 우리는 전혀 알 도리가 없다는 것입니다.

우리는 단지 외부의 역사적 요소를 참고해 추측하고 추론할 수 있을 뿐입니다. 우리가 보고 있는 『시경』은 당연히 '전집'이 아닙니다. 중간에 선택과 도태의 과정이 있었고, 선택과 도태 후에 전해져 오랫동안 귀족 교육의 교재가 되었습니다. 그중에는 주나라의 기본적인 사회적 인륜적 가치가 반영된 시도 있고, 귀족이 서민의 삶을 표현한 것 가운데 자신들과 특별히 관계있는 부분을 가려 뽑은 시도 있습니다.

이런 입장에서 『시경』에 어떤 제재의 시가 실려 있는지 점검해 보면, 전통적인 해석과 정반대로 대다수의 시가 군주와는 무관합니다. 특히 국풍에 수록된 시와 소아의 일부는 전부 그렇습니다. 『시경』의 요체는 서민의 관심을 표현한 시입니다. 그들은 무엇에 관심이 있었을까요? 결혼과 가정, 그리고 이 두 가지와 관계된 의식儀式과 감정에 관심이 있었습니다. 이런 관점으로 『시경』을 읽으면 오히려 전통적인 독법보다 더 쉽게 시대적 간극을 뛰어넘어 주나라의 인간과 사회를 더 깊이 인식할 수 있습니다.

우리는 당시 서민 사이에도 봉건 질서의 토대가 깊게 자리 잡고 있었으며, 가정과 결혼과 인륜이 사람들의 주의를 끄는 아주 중요한 관심사였음을 알게 됩니다. 가정이 으뜸이고 온 세상이 가정에서 확장된 거대한 질서 체계라는 것이 서주의 모든 계층 사람들이 공히 갖고 있던 신념이었습니다. 이것은 갑골문에 나타난 상나라 사람의 관념과는 전혀 달랐습니다. 근동의 고대 수메르인이나 고대 그리스의 폴리스 시민이 지녔던 기본 가치와도 근본적으로 달랐습니다.

여성의 목소리

전통 독법에서 흔히 홀시되고, 심지어 일부러 무시하는 사실은 『시경』에 여성의 목소리가 가득하다는 겁니다. 전통적인 해석에서는 관습적으로 여성의 목소리와 가정, 감정에 관한 사연을 비유나 환유로 간주하고, 남성 작가가 정치적 교훈을 주기 위해 위장한 채 표현한 것으로 설명합니다.

『시경』에는 여성의 말투로 표현된 훌륭하고 중요한 시가 많습니다. 그 시들은 본래 한 여성이나 여러 여성이 창작했을 가능성이 큽니다. 예를 들어 앞에서 읽은 「부이」는 자식을 낳고 싶은 여자들이 우르르 몰려가 질경이를 캐는 광경을 그린 작품입니다. 과연 남성 작가가 썼을까요? 그랬을 것 같지 않습니다.

「표유매」摽有梅도 여성의 시점으로 이해해야 하는 시입니다. '표유매'는 매실을 친다는 뜻입니다. 매실은 높은 나무에 열려 따기가 힘듭니다. 꼭 도구를 사용해 쳐서 떨어뜨려야 하지요. 이 시의 첫 구절은 "매실을 치는데, 나무에 7할이 남아 있으니"摽有梅, 其實七兮이고, 그다음 구절은 "내게 마음이 있는 남자는 오기에 좋은 때랍니다"求我庶士, 迨其吉兮입니다.

이번에도 마찬가지로 "매실을 치는데"와 "내게 마음이 있는 남자는"은 얼핏 보면 서로 아무 관계도 없습니다. 전자는 초봄에 잘 익은 매실을 두드려 떨어뜨리는 행위를, 후자는 누가 구혼해 주기를 바라는 아가씨의 심정을 나타냅니다. 하지만 다음 구절을 계속 읽으면 이 두 가지가 사실은 한 가지임을 알게 됩니다.

매실을 치는데, 나무에 3할밖에 안 남았으니
내게 마음이 있는 남자는 오늘 오셔요.

摽有梅, 其實三兮.
求我庶士, 迨其今兮.

매실을 치는데, 이제 나무에 매실이 3할밖에 안 남았습니다. 시간이 많이 지나 매실이 익는 계절도 곧 지나갈 겁니다. 그래서 아가씨는 자기한테 구혼하려는 남자는 오늘 당장 오라고 말합니다.

매실을 치는데, 바구니에 주워 담으니
내게 마음이 있는 남자는 와서 말해 주세요.

摽有梅, 頃筐墍之.
求我庶士, 迨其謂之.

이제는 매실을 칠 필요가 없게 됐습니다. 이미 매실이
다 땅에 떨어져 바구니에 주워 담기만 하면 됩니다. 지금 아
가씨는 자기한테 구혼하려는 남자가 당장 입을 열어 주기를
바랍니다.

확실히 앞의 "매실을 치는데"는 매실을 치는 행위만을
얘기하는 것이 아니라, 뒤의 "내게 마음이 있는 남자는"에
시간적 순서와 시간 감각도 제공해 줍니다. 매실을 치는 행
위와 시집을 가고픈 아가씨의 마음은 똑같은 시간적 변화를
보입니다. 처음에는 침착하고 여유가 있었는데, 그다음에는
조금 마음이 급해지고, 마지막에는 좋은 시절이 곧 끝날 듯
해 조바심을 치고 허둥거리기까지 합니다.

성숙해 가는 아가씨의 심정은 매실을 치는 것과 같습니

다. 막 시집갈 나이가 됐을 때는 마음속에 수많은 기대와 상상을 품은 채 7할이나 남은 열매 중에 뭐가 괜찮은지 저울질할 수 있습니다. 하지만 몇 년이 지나면 기대와 상상은 줄어듭니다. 떨어뜨릴 만한 열매가 드문드문 3할밖에 남지 않았으니까요. 또 몇 년이 지나 결혼 적령기를 넘기면 급하고 초조한 마음으로 땅바닥의 값이 떨어지는 낙과落果까지 두리번두리번 살피게 됩니다.

"오기에 좋은 때랍니다"에서 "오늘 오셔요"를 거쳐 "와서 말해 주세요"에 이르기까지 그런 박진감이 직접적으로 전달됩니다. 결혼에 관한 서민의 이런 직접적인 감정은 후대의 시에서는 거의 찾아볼 수 없습니다. 후대의 예법은 젊은 여자가 이렇게 노골적으로 결혼을 기대하는 것을 용인하지 않았기 때문입니다. 그녀들은 그저 다른 사람의 결정을 기다리고 받아들여야 했습니다.

한나라 때 쓰인 「시서」, 즉 『시경』의 서문은 이 시를 어떻게 해석했을까요? "소남 지역의 나라에서는 문왕의 교화를 입어 남녀가 제때 혼인하였다"召南之國, 被文王之化, 男女得以及時也라고 했습니다. 혼기를 놓칠까 두려워하는 여자의 심정을 반영한 시가 분명한데도, 굳이 그 지역이 문왕의 기풍에 영향을 받아 남녀가 제때 결혼하는 훌륭한 풍속을 유지했다는 식으로 풀이했습니다. 이처럼 시구와 상반된 견해가 무려 천 년이나 '바른 해석'으로 인정받았으니, 이 또한 기괴한 일이 아닐 수 없습니다.

그러나 이런 '바른 해석'이 시에 표현된 여성의 심정을 왜곡하고 은폐하지 않았다면, 후대의 윤리적 편견과 맞지 않는 이 시는 아마 지금까지 전해지지 못했을 겁니다. 이처럼 『시경』의 서민적인 내용은 정치화되고 교조화되었을 뿐만 아니라 또한 남성화되어 남성 중심의 관점으로 읽혔습니다.

그런데 시에 많은 여성의 목소리와 감정이 반영되는 현상은 완전히 사라지지 않고 남성중심주의의 하부에서 계속 이어졌습니다. 훗날 중국의 시사詩詞에는 여성의 목소리를 흉내 내는 특이한 전통이 줄곧 존재했습니다. 가장 유명하고 눈에 띄는 것이 규원시閨怨詩*와 대부분의 사詞입니다. 작가가 남자여도 당연하다는 듯이 여성 화자를 내세워 여성의 섬세하고 구슬픈 감정을 토로했습니다. 구양수歐陽修조차 그랬습니다! 북송의 대재상이자 대학자였는데도 그의 사를 보면 대부분 자기 말투로 쓰지 않고 여성의 목소리를 빌려 썼습니다.

이것은 물론 사가 본래 여성 가인歌人의 노래 가사였다는 것과 밀접한 관계가 있기는 합니다. 하지만 중국의 전통

---

* 남편이나 연인을 잃고 홀로 남은 여인의 한을 노래한 시.

에서 부정되었지만 사라지지 않은, 오랫동안 은밀히 존재해 온 시의 오랜 장르적 특성이 어느 정도 반영된 결과이기도 합니다.

서민 생활의 단편들

방치된 인재

「백주」柏舟를 읽어 보겠습니다. 처음에는 역시 자연 경관이 나옵니다.

잣나무 배가 떠도네, 물결 따라 떠도네.

泛彼柏舟, 亦泛其流.

흐르는 강 위에 잣나무 배 한 척이 이리저리 떠다닙니

다. 여기에서 '亦'(역)은 어사로 소리의 기능밖에 없습니다. 제목인 '백주'는 잣나무 배를 말합니다. 단단하고 귀한 잣나무로 만든 배이지요. 따라서 귀하고 유용한 작은 배가 정처 없이 물 위를 떠돌고 있는 셈입니다. 이 광경을 본 사람들은 틀림없이 놀라서 호기심을 느꼈을 겁니다.

그다음에는 인간사에 관한 묘사가 나옵니다.

뜬눈으로 밤을 새니, 은밀한 걱정이 있는 듯하네.

耿耿不寐, 如有隱憂.

'耿耿'(경경) 두 글자에는 밝고 빛난다는 뜻이 있습니다. 그래서 '耿耿不寐'(경경불매)는 무척 자고 싶은데 마음속에서 불이 꺼지지 않고 계속 타고 있어 조용해지지도 어두워지지도 않음을 가리킵니다. 그러면 화자는 왜 이런 상태일까요? 은밀한 걱정에 시달리기 때문입니다.

내가 술이 없어서 놀지 않는 것은 아니네.

微我無酒, 以敖以遊.

그가 술이 없어서 한바탕 마시고 기분 전환을 하지 못하는 것은 아닙니다. 다시 말해 마음속의 은밀한 걱정이 그를 잠 못 이루게 하는데, 그것은 술을 마셔 해소할 수 있는 것이 아니라는 겁니다.

그 은밀한 걱정은 대체 어디에서 비롯된 걸까요? 그 내용은 또 무엇일까요? 우선 "내 마음은 거울이 아니어서, 다 비춰 보여 줄 수는 없네"我心匪鑒, 不可以茹라고 밝힙니다. 그리고 또 말하지요.

형제가 있지만 의지할 수 없네.
찾아가 말해도 노여움만 살 뿐.

亦有兄弟, 不可以据.
薄言往愬, 逢彼之怒.

그에게는 형제가 있으나 의지할 만하지는 않습니다. 그가 가서 눈에 거슬리는 일을 얘기하면 그들은 화를 내고 질책합니다. 우리는 이 지점에서 그의 은밀한 걱정을 조금 이해하게 됩니다. 틀림없이 그는 둥글둥글하고 융통성 있는 사람이 못 됩니다. 늘 눈에 거슬리는 일과 부딪히지만 남에게 그 얘기를 해도 전혀 공감을 얻지 못하며, 친형제조차 그가 너무 까다롭고 불평이 많다고 생각합니다.

그래서 그는 마음이 더 착잡해집니다.

내 마음은 돌멩이가 아니라서 굴릴 수 없고
내 마음은 돗자리가 아니라서 말 수도 없고
외모도 의젓하고 고상해 흠잡을 데 없네.

我心匪石, 不可轉也.
我心匪席, 不可卷也.
威儀棣棣, 不可選也.

그는 자기 마음이 돌이 아니어서 굴릴 수가 없다고 합니다. 그런데 돌은 무거워서 보통 우리도 쉽게 굴릴 수 있다고 생각하지는 않습니다. 따라서 이 말은, 무거운 돌은 어떻게 든 굴릴 수 있지만 내 마음은 돌보다 더 무거워 변하지도 변할 수도 없음을 강조한 것입니다. 또 내 마음은 돗자리처럼 쉽게 말리지도 않습니다. 확실히 그는 남의 의지나 환경에 따라 마음을 바꾸는 것을 무척 혐오하고 거부합니다. 그에게는 존엄과 원칙이 절대로 포기할 수 없는 가장 중요하고 바람직한 것입니다.

우리는 그가 자신의 존엄과 원칙을 어기고 다른 사람과 타협할 수 없었기에 "뜬눈으로 밤을 새고" "은밀한 걱정"에 시달렸음을 알게 됩니다. 아울러 형제가 그를 질책한 것은 세상 물정 모르는 그의 완고한 성격을 못 참았기 때문이라는 것도 알게 됩니다. 그는 자신의 신념을 고수하는 사람이었습니다.

근심스러운 마음 울적하고, 소인배에게도 노여움을 샀네.
이미 고난도 많이 맞닥뜨렸고, 수모도 적지 않았네.
가만히 이를 생각하다, 깨어나 가슴을 두드리네.

憂心悄悄, 慍於群小.
覯閔既多, 受侮不少.
靜言思之, 寤辟有摽.

'悄悄'(초초) 두 글자는 입술 사이로 내는 소리인데, 소리 자체가 다소 날카로운 느낌을 줍니다. 이에 상응해 글자의 뜻도 무언가가 반복해서 마음을 찌르며 아픔을 주는 상태를 가리킵니다. "근심스러운 마음 울적하여" 안정을 못 찾는 것은 그가 주위의 많은 소인배에게 미움을 샀기 때문입니다. 이미 그들에게 압력을 받고 수모도 당했지요. '言'(언)은 뜻이 없는 어사입니다. 그는 밤이 깊어 고요할 때 생각에 잠기는데, '靜'(정) 자는 앞의 '耿耿不寐'와 호응하고 뒤의 '寤辟有摽'(오벽유표)와도 호응하며, 밤에 잠자리에 누워 있는 상태를 가리킵니다. '靜', 즉 고요한 것은 '寤辟有摽', 즉 깨어나 가슴을 두드리는 극적인 동작과 대비를 이룹니다. 은밀한 걱정으로 괴로워 엎치락뒤치락 잠을 못 이루다 깨어나 고통스럽게 자기 가슴을 두드린 겁니다.

해야 달아, 어찌하여 번갈아 어두워지나?
마음에 걱정이 있는 건 더러운 옷을 못 빠는 것과 같네.
가만히 생각해 보지만 날개 치며 날아오르지는 못하리.

日居月諸, 胡迭而微?
心之憂矣, 如匪澣衣.
靜言思之, 不能奮飛.

'居'(거)와 '諸'(제)는 관용적으로 이어 쓰는 어사입니다.

남을 부르는 어투를 표시합니다. 그는 해와 달을 연이어 부르며 왜 늘 돌아가며 빛을 잃고 어두워지는지 묻습니다. 즉 이 세상에는 왜 계속 빛만 비치지 않고 그렇게 많은 어둠이 존재하는지 따지는 것이지요. 또한 마음속 걱정은 마치 더러운 옷처럼 사람을 극도로 불편하게 한다고 말합니다. 여기에서 더러운 옷은 그가 사람과 일과 사물에 일종의 결벽증이 있음을 시사합니다. 야심한 시각, 그는 생각하고 또 생각해 보지만 끝내 뾰족한 해결책을 찾지 못합니다. 그저 자기 몸에 날개가 돋아 이 모든 것에서 벗어나 머나먼 곳으로 날아가고 싶을 뿐입니다.

　이런 개성과 고민은 우리에게 전혀 낯설지 않습니다. 어느 시대에나 누구의 주변에든 이렇게 결벽증이 있고 원칙을 고수하는 사람이 늘 있게 마련이니까요. 시를 다 읽고서 우리는 놀라며 깨닫습니다. 외따로 떨어져 있는, 뒤에서 다시 언급되지 않은 자연 묘사가 사실은 아무 상관 없이 맨 앞에 배치된 것이 아니라는 것을 말입니다. "잣나무 배가 떠도네, 물결 따라 떠도네"에서 물 위에 떠도는 배는 일반적인 배가 아니라 귀한 잣나무 배입니다. 근사한 잣나무 배가 잘 쓰이지 못하고 버려져 있는 광경은 결벽증이 있고 원칙을 고수하는 사람이 세속적인 환경에서 흔히 겪는 괴로움을 비유한 것이 아닐까요? 그런 괴로움은 평범한 사람과는 무관합니다. 환경과의 불화로 인재가 자신의 재능을 발휘하지 못하는 것은 근사한 잣나무 배가 정처 없이 물 위를 떠도는 것과 같은 처지가 아닐까요?

어머니의 고생

이어서 「개풍」凱風을 읽어 보겠습니다.

따뜻한 바람이 남쪽에서 와서 대추나무 새싹에 부네.
대추나무 새싹 무성히 자라니 어머니 고생이 심하셨네.

凱風自南, 吹彼棘心.
棘心夭夭, 母氏劬勞.

'개풍'은 남쪽에서 불어오는 따뜻한 바람이므로 때는 바야흐로 봄입니다. 따뜻한 바람을 맞아 대추나무 새싹은 쑥쑥 잘 자랍니다. 앞의 세 구에서 자연 현상을 묘사한 이 시는 느닷없이 방향을 바꿔 "어머니 고생이 심하셨네"라고 인간사에 관한 화제를 꺼냅니다.

대추나무 새싹이 따뜻한 바람을 맞으며 잘 자라는 것이 마치 적절한 보살핌을 받는 듯 보여 자식을 보살피는 어머니를 연상케 합니다. 자식을 잘 키우기 위해 어머니는 엄청난 노고를 대가로 치르지요. 이것은 『시경』의 세 가지 표현법인 부비흥 중 '흥'에 해당하는데, 자연현상에서 인간 세상의 어머니를 유추한 것이므로 '비'라고 볼 수도 있습니다. '따뜻한 바람'에 어머니를 비유한 것이지요.

두 번째 구절이 이어집니다.

따뜻한 바람이 남쪽에서 와서 대추나무가 장작이 되도록 불었네.
어머니는 너무 착하신데, 우리는 착한 사람이 못 되었네.

凱風自南, 吹彼棘薪.
母氏聖善, 我無令人.

따뜻한 바람이 계속 불어 새싹은 장작이 될 만큼 큰 나무로 자랐습니다. 그리고 앞에서는 어머니의 고생을 안타까워했는데, 여기서는 한 걸음 더 나아가 어머니가 그렇게 힘들게 보살폈는데도 우리는 착한 사람이 되지 못했다고 개탄

합니다.

세 번째 구절은 이렇습니다.

한천寒泉*이 있어, 준浚** 땅 아래로 흐르네.
아들 일곱이 있어, 어머니는 고생하셨네.

爰有寒泉, 在浚之下.
有子七人, 母氏勞苦.

한천이 준 땅 아래로 흐르는 것과 아들 일곱을 두어 어머니가 고생하신 것은 대체 무슨 관계가 있을까요? 아무래도 마지막 구절까지 읽어 봐야 이 구절의 의미를 이해할 수 있을 것 같습니다.

곱디고운 꾀꼬리 아름답게 우는데
아들 일곱이 있어도 어머니는 위로가 안 되었네.

睍睆黃鳥, 載好其音.
有子七人, 莫慰母心.

---

* 사계절 물이 마르지 않았다는 위(衛)나라의 샘 이름.
** 위나라의 지명.

예쁜 꾀꼬리의 울음소리는 듣기 좋은데, 어머니는 아들이 일곱이나 되는데도 위안을 얻지 못합니다. 이 양자의 관계는 비교적 분명합니다. 꾀꼬리는 어머니와 직접적인 관계는 없지만 예쁜 자태와 아름다운 울음소리가 어머니에게 즐거움을 줄 수 있습니다. 그런데 어머니가 천신만고 끝에 키운 일곱 아들은 그 꾀꼬리 한 마리만도 못합니다.

세 번째 구절에 대한 전통적인 해석을 보면, 준성浚城 밖에 있던 한천은 땅에 물을 대는 효용이 있었지만 어머니가 키운 일곱 아들은 그녀에게 도움이 안 되었다고 풀이합니다. 이 풀이는 틀리다고 말할 수는 없지만 약간 억지스러운 면이 있습니다. 본문에 한천이 물을 대는 기능을 했다는 언급이 전혀 없기 때문입니다. 그래서 차라리 본문에서 직접 해법을 찾는 것이 나을 듯합니다. '개풍'과 '한천'은 각각 따뜻하고 차가운 것으로서 대비를 이루며, '준 땅 아래'는 굳이 '준성 밖'이라고 억지로 해석할 필요가 없습니다. 어머니는 따뜻한 바람처럼 고생해서 자식을 키웠지만, 자식들은 준 땅 아래의 한천처럼 차가워서 어머니에게 한 점의 온기도 되갚지 못했습니다. 이는 앞의 "우리는 착한 사람이 못 되었네"와 호응하고, 뒤의 "어머니는 위로가 안 되었네"라는 깊은 유감의 표현과도 호응합니다.

이 시도 가정에 관한 작품이었습니다.

강가 이야기

전통적으로 해석이 어려웠고 또 해석이 조금 억지스러웠던 작품에 또 도전해 봅시다. 바로 「포유고엽」匏有苦葉입니다.

박에는 잎이 있거나 없고, 물은 건너갈 곳이 깊거나 얕네.
깊으면 옷을 입은 채로 건너고, 얕으면 옷을 걷고 건너네.

匏有苦葉, 濟有深涉.
深則厲, 淺則揭.

역시 처음에는 자연현상으로 시작합니다. '匏有苦葉'(포유고엽)의 전통적인 해석은 '쓸 고'苦 자를 '마를 고'枯 자로 해석하는 겁니다. 박이 익은 뒤에는 넝쿨의 잎이 마릅니다. 그런데 잎이 마른 뒤에 딴 박은 너무 익어서 먹을 수가 없기 때문에 물을 담는 도구로나 써야 합니다. 이것이 '濟有深涉'(제유심섭)으로 연결되는데, '濟'는 맨발로 강을 건너는 것을 뜻합니다. 그런데 물이 언제는 깊고 언제는 얕습니다. 물이 깊을 때는 박을 몸에 묶어 부력을 늘리지만 물이 얕을 때는 박에 물을 담아 어깨에 져도 됩니다.

또 다른 해석도 있습니다. '匏有苦葉'과 '濟有深涉'을 나눠 각기 다른 일로 취급하는 것이지요. 그러면 이어지는 '深則厲'(심즉려)와 '淺則揭'(천즉게)는 강을 건너는 일만을 가리키게 되어 박과는 아무 관련도 없게 됩니다. 물이 깊을 때는 옷을 입은 채 건너지만 얕을 때는 옷을 걷고 건너 옷이 젖는 것을 피한다는 뜻이지요.

이 두 가지 전통적인 해석에는 똑같은 문제가 있습니다. 바로 두 시구 '匏有苦葉'과 '濟有深涉'의 형식적인 대구 문제입니다. '苦葉'(고엽) 혹은 '枯葉'(고엽)은 형용사가 명사 앞에 놓인 구조입니다. 그런데 전통적인 해석에 따르면 '深涉'(심섭) 두 글자는 깊다는 형용사와 얕다는 형용사의 병렬입니다. 대구가 성립되지 않습니다.

만약 이 두 구의 대구 형식을 존중한다면 해석이 달라질 수 있습니다. '苦葉'을 '匏'(포), 즉 박의 두 가지 상태로 보고 '深涉'의 두 가지 상태와 대응시키는 것이지요. 넝쿨에 잎이 달려 있으면 박은 아직 먹을 수 있습니다. 하지만 잎이 말라 떨어지면 박은 섬유질화되어 도구로밖에 못 씁니다. 똑같은 박의 두 가지 서로 다른 상태는, 똑같이 맨발로 강을 건널 때 물이 깊은 경우와 얕은 경우의 두 가지 서로 다른 상태에 대응합니다.

이어서 서로 다른 상태에는 서로 다른 임기응변의 방법이 있음을 이야기합니다. 물이 깊을 때는 옷이 젖을 게 뻔하므로 그대로 물에 들어가 건넙니다. 그러나 물이 얕을 때는 옷을 걷고서 물을 건넙니다.

이렇게 첫 번째 구절이 끝나고 두 번째 구절이 이어집니다.

강가엔 물이 넘쳐 출렁이고, 까투리는 요란하게 우네.
물이 넘쳐도 수레바퀴는 젖지 않고, 까투리는 장끼를 찾아 우네.

有瀰濟盈, 有鷕雉鳴.
濟盈不濡軌, 雉鳴求其牡.

『시경』에서 '有'(유) 자가 앞에 나오고 뒤에 한 글자가 덧붙으면 보통 훗날 고문에 나타난 '……然'(……연)의 용법과 같습니다. 따라서 '有瀰'(유미)는 '瀰然'(미연)으로, 물이 가득 넘쳐흐르는 모습을 형용합니다. '有鷕'(유요) 역시 '鷕然'(요연)으로, 새 우는 소리가 쩌렁쩌렁한 것을 말합니다. 물 건너는 곳을 바라보니 수면이 끝도 없이 펼쳐져 있고, 동시에 까투리 우는 소리가 쟁쟁하게 귓가에 울립니다. 수위가 높기는 하지만 수레 굴대가 다 잠길 정도는 아니어서 안전하게 강을 건널 수 있습니다. 그리고 까투리는 장끼를 찾아 그렇게 우는 것이었네요.

> 기럭기럭 기러기 울고 아침 해 떠오르네.
> 남자가 신부를 데려오려면 얼음이 녹기 전이어야 하네.

> 離離鳴雁, 旭日始旦.
> 士如歸妻, 迨氷未泮.

멀리서 기럭기럭 소리가 들려 올려다보니 기러기가 날아가고 있습니다. 그와 함께 해가 떠오르는 모습도 보입니다. 앞에서는 먼저 시각적으로 출렁이는 강을 본 뒤 청각적으로 까투리 우는 소리를 들었는데, 여기서는 정반대로 먼저 기러기 우는 소리를 듣고 고개를 든 뒤 아침 해가 솟아오르는 광경을 목격합니다. 그리고 남자가 아내를 얻어 데려오려면 강의 얼음이 아직 녹지 않은 틈을 이용해야 한다고 합니다.

이제 마지막 구절입니다.

뱃사공이 손짓하는데, 남들은 건너도 나는 건너지 않네.
남들이 건너도 나는 건너지 않는 것은 임을 기다려야 하기 때문이네.

招招舟子, 人涉卬否.
人涉卬否, 卬須我友.

물이 너무 깊으면 나룻배를 타고 강을 건너야 합니다. '舟子'(주자)는 바로 뱃사공입니다. 강가에서 뱃사공이 배가 곧 떠난다고 손을 흔듭니다. '人涉卬否'(인섭앙부)의 '卬'은 '나'를 뜻합니다. 남들은 강을 건너지만 나는 건너지 않는다고 말합니다. 그 이유는 임을 기다려야 하기 때문입니다.

지금까지 전체 네 구절의 의미를 다 풀이했습니다. 그런데 이 네 구절은 서로 어떤 관계로 구성되며, 또 어떤 통일된 사건이나 생각이나 감정을 표현한 걸까요? 앞에서 읽은 시들은 모두 질서정연하고 반복적인 형식으로 유기적인 내용을 표현했습니다. 그러나 「포유고엽」은 그렇지 않습니다. 첫머리의 '匏有苦葉' 네 글자조차 뒤에서 반복되지 않습니다. 마지막 구절의 두 번째와 세 번째 구인 '人涉卬否'만 유일하게 반복됩니다.

　다른 시에는 없는 구조 때문에 이 시에 대한 전통적인 해석은 서로 엇갈렸습니다. 네 구절을 연결해 풀이한 어느 해석을 보면, 첫째 구절은 각기 다른 상황마다 각기 다른 방식으로 임기응변할 수 있어야 한다는 가르침이고, 둘째 구절은 한 여자가 장끼를 찾는 까투리의 울음을 듣고 자기 짝을 떠올린다는 내용이라고 합니다. 그리고 셋째 구절은 기러기 우는 소리를 듣고 물이 넘치는 가을이 와서 수레가 강을 못 건너겠다는 생각이 들어, 어쩔 수 없이 강물이 얼어붙는 한겨울에 강을 건널 계획을 세운다는 뜻이라고 합니다. 마지막으로 넷째 구절은 사람들이 강을 건너려 할 때 뱃사공이 여자에게 손을 흔들지만, 그녀는 건너지 않는다는 내용을 담고 있다고 합니다. 그녀의 마음속 남자가 그녀를 아내로 맞으러 왔을 때 비로소 건널 생각이라는 것이지요.

　비교적 현대적인 해석도 있습니다. 타이완의 왕징즈王靜芝 교수는 "처음부터 끝까지 일관되게 물을 건너는 일과 관련된 소재를 다루므로 강에 인접한 지역에서 불리던 노래임을 알 수 있다"고 했습니다. 다시 말해 이 시는 강가 풍경의 콜라주로, 각기 다른 시점에서 쓰인 서로 다른 사람들의 이야기라는 겁니다. 그런데 모두 강가 나루터에서 벌어진 일이므로 한데 묶어 노래로 만든 것이지요. 따라서 이 작품은 나루터에서 보고 기록한 '강가 이야기'입니다.

이런 관점에서 다시 읽어 보겠습니다. 그러면 첫 번째 구절은 강을 건너는 두 가지 방식에 대한 묘사가 되겠군요. 두 번째 구절은 상류에서 큰물이 내려와 수량이 풍부해졌을 때의 자연 경관입니다. 세 번째 구절은 늦가을에 수레가 나루터에 발이 묶인 상황을 그렸습니다. 혼인하러 가는 길이라면 어쩔 수 없이 강이 꽁꽁 얼어붙을 때까지 기다려야 합니다. 네 번째 구절은 남자를 기다리느라 배를 타기를 마다하는 여인에 관한 흥미로운 현실 풍경 혹은 스냅숏에 해당합니다.

이런 식으로 보면 이 시는 해석이 가능할 뿐만 아니라 읽는 이를 감탄하게 만듭니다. 짧은 몇 구절로 나루터와 관련한 풍부한 스케치를 제공해 주니까요.

이혼녀의 슬픔과 분노

이번에는 「곡풍」谷風을 읽어 보겠습니다.

『시경』에서 가장 흔히 보이는 예는 자연현상을 계기로 인간사의 단편적인 정서를 이끌어 내는 겁니다. 「포유고엽」은 예외에 속하지요. 일련의 강변 풍경으로 구성되어 있으니까요. 「곡풍」은 또 다른 예외입니다. 이 시는 영락없는 이야기시로, 단일하고 엄밀한 관점으로 쓰였습니다.

첫 구는 역시 자연현상입니다.

골짜기에 간간이 바람 불더니, 날 흐리고 비 내려요.

習習谷風, 以陰以雨.

그다음에는 바로 시적 화자의 토로가 이어집니다.

애써 한마음으로 살았는데, 화를 내면 안 되지요.

黽勉同心, 不宜有怒.

아마도 부부 간의 불화를 이야기하는 것으로 보입니다.

순무를 뽑고 무를 뽑을 때, 뿌리만 뽑을 수 있나요?

采葑采菲, 無以下體?

'葑'(봉)은 순무, '菲'(비)는 무입니다. 모두 뿌리식물로 수확할 때는 반드시 땅 위의 잎을 당겨야 뽑을 수 있습니다. 이 시구의 표면적 의미는 순무와 무를 뽑을 때 잎과 뿌리를 같이 뽑지 않을 수가 있느냐는 겁니다. 그 함축적 의미는 앞 시구에서 말한 대로 부부는 일심동체라 가를 수 없는데, 왜 마음을 함께하지 않고 늘 화를 내느냐는 것이지요.

이 구절의 마지막 부분은 이렇습니다.

약속을 어기면 안 돼요, 죽을 때까지 함께하자 했잖아요.

德音莫違, 及爾同死.

'德音'(덕음)은 다른 사람의 말에 대한 존칭입니다. 죽을 때까지 함께 살자고 해 놓고서 이제 마음이 변해 그 말을 어겨서는 안 된다고 말합니다.

　첫 번째 구절을 통해 우리는 이 시가 어떤 부부의 사연을 담고 있으며, 그 사연은 결코 달콤하고 행복한 것이 아님을 알게 됩니다. 이제 두 번째 구절로 들어갑니다.

　느릿느릿 길을 걷는 것은 가고 싶지 않아서이지요.

　行道遲遲, 中心有違.

　이 부분은 첫 번째 구절의 첫 시구와 호응합니다. 그녀는 길을 가다 바람과 비를 만난 겁니다. '違'(위)는 부수가 '쉬엄쉬엄 갈 착'辵으로, 본래는 길을 벗어나는 것을 뜻합니다. 오늘날 우리는 습관적으로 '違'와 '背'(배)를 이어 '위배'라는 말을 사용하는데, 사실 이 두 글자는 서로 뜻이 다릅니다. '背'는 반대 방향으로 돌아서서 가는 것이고, '違'는 정해진 길을 벗어나 가는 겁니다. 그래서 '위법'違法은 정해진 법과 규정에 따르지 않고 다른 길을 가는 것을 뜻하지요. 그녀가 천천히 걷는 것은 그 길을 가고 싶지 않기 때문입니다. 다른 길로 다른 곳에 가기를 간절히 바라는 것이지요.

멀리는 고사하고 가까이라도, 문밖까지라도 나를 바래다
주지.

不遠伊邇, 薄送我畿.

'伊'(이)와 '薄'(박)은 모두 뜻이 없는 어사입니다. 이 부분
에서는 원치 않는 길을 떠나기 직전의 상황을 원망하는 어조
로 묘사하고 있습니다. 떠나는 자신을 멀리까지 바래다주는
것은 기대하지 않았지만, 그래도 문밖까지는 배웅해 줬어야
하는 게 아니냐고 말이지요. 다시 말해 그녀가 집을 떠날 때
그녀의 남편은 문밖까지도 나와 보지 않을 만큼 무정했던 겁
니다.

누가 씀바귀를 쓰다 하나요, 달기가 냉이 같은데.
즐거운 당신들의 신혼은 형제와도 같겠지요.

誰謂荼苦, 其甘如薺.
宴爾新昏, 如兄如弟.

누가 씀바귀를 쓰다고 하던가요? 지금 내 심정과 비교

하면 차라리 냉이처럼 달콤한데 말입니다. 앞의 두 구는 이렇게 그녀의 쓰라린 마음을 표현합니다. 하지만 뒤의 두 구는 형제가 같이 지내듯 자연스럽고 친밀한 신혼의 기쁨을 거론합니다. 상반된 이 두 시구는 서로 어떻게 연결되는 걸까요? 이어지는 시구를 읽으면 곧 알게 됩니다. 여기서의 신혼은 그녀의 신혼이 아닙니다. 그녀는 눈앞에서 다른 사람들의 즐거운 신혼을 보았고, 그래서 못 견디게 마음이 괴로워진 겁니다.

계속 읽으면 "즐거운 당신들의 신혼"에서 '당신들'이 누구인지 알게 됩니다.

경수가 위수 때문에 흐려 보여도 맑은 물가가 없지 않은데
신혼의 기쁨을 누리면서 나는 아껴 주지 않네.

涇以渭濁, 湜湜其沚.
宴以新昏, 不我屑以.

'경위분명'涇渭分明이라는 고사성어는 경수와 위수라는 두 강이 합쳐질 때 경수는 탁하고 위수는 맑아 기이한 경관이 연출되는 데에서 비롯되었습니다. 여기에서는 그 자연현

상을 빌려 화자 자신의 처지를 표현하고 있습니다. 맑은 위수와 비교해 경수가 탁해 보이기는 하지만 사실 경수에도 맑은 물가가 있는데, 신혼의 기쁨을 누리는 사람은 그녀를 눈엣가시로만 보고 내쫓았다고 말합니다.

여기까지 읽고 나면 우리는 신혼의 기쁨을 누리는 사람이 바로 그녀의 남편임을 깨닫습니다. 남편이 새 아내를 얻어 그녀를 집에서 쫓아낸 것이지요. 쫓겨난 그녀는 머뭇머뭇 길을 나섰는데, 남편은 심지어 문밖까지도 배웅해 주지 않았습니다.

경수와 위수의 두 구로 인해 비유적 의미가 더해졌습니다. 남편의 새 여자와 비교하면 그녀는 몹시 늙고 추해 보였습니다. 하지만 그녀가 언제나 그랬던 것은 아니지요. 그녀에게도 젊고 예쁜 시절이 있었습니다.

여기까지 시의 정서는 줄곧 애처로웠지만 갑자기 다르게 바뀝니다.

내 어살에 가지 말고, 내 통발을 열지 마오.

毋逝我梁, 毋發我笱.

이것은 명령투입니다. 고기를 잡으려고 그녀가 만들어 놓은 어살*에 가지 말고 또 그녀가 놓은 통발도 열지 말라는 군요. 괘씸한 남편의 새 여자를 향해 자기 물건과 물고기에는 손도 대지 말라고 경고합니다.

하지만 이런 분노는 금세 사라지고 슬픔과 괴로움이라는 무기력한 감정이 되돌아옵니다.

자신도 못 돌보면서, 떠난 뒤의 일은 뭐 하러 걱정하는지.

我躬不閱, 遑恤我後.

이어서 새로운 화제가 등장합니다.

깊은 물 건널 때는 뗏목이나 배를 타고
얕은 물 건널 때는 자맥질하고 헤엄쳤지요.

就其深矣, 方之舟之.
就其淺矣, 泳之游之.

이 네 구는 사실의 기록일 수도 있고 비유일 수도 있습

---

* 싸리나 참대, 장목 따위를 물속에 둘러 꽂아 물고기가 들어오게 만든 울타리.

니다. 만약 사실의 기록이라면 그녀가 강변에 살던 시절의
회고에 해당합니다. 강을 건널 때, 물이 깊은 곳에서는 뗏목
이나 조각배를 타고 얕은 곳에서는 헤엄을 쳤다고 합니다.
그리고 비유로 읽으면 어떤 상황에 부딪힐 때마다 임기응변
으로 방법을 생각해 냈다는 뜻을 내포합니다. 그것은 그녀가
그동안 집안일을 돌볼 때 발휘했던 솜씨입니다. 그래서 이런
내용이 이어집니다.

집에 무엇이 있고 없는지 살펴 애써 갖추려 했고
이웃이 상을 당하면 있는 힘껏 도왔어요.

何有何亡, 黽勉求之.
凡民有喪, 匍匐救之.

그녀는 집안일을 살뜰히 보살폈을 뿐만 아니라, 이웃이
상을 당했을 때도 서둘러 달려가 힘을 보태 주는 사람이었습
니다.

당신은 내게 감사하기는커녕 거꾸로 원수로 여기고
내 미덕을 무시하고 안 팔리는 물건 취급을 했지요.

不我能慉, 反以我爲讎.

旣阻我德, 賈用不售.

'慉'(휵)은 '마음 심'心에 '축'畜 자를 덧붙인 글자로 감사를 마음에 새긴다는 뜻입니다. 화자는 남편이 자신의 좋은 점에 감사하는 대신, 오히려 자기를 원수로 보고 마치 장사꾼인 양 팔지 못할 물건 취급을 했다고 말합니다.

옛날에는 두렵고 가난하여 당신과 어려움을 함께했는데
사정이 좋아지니 나를 독약처럼 대했지요.

昔育恐育鞫, 及爾顚覆.

旣生旣育, 比予于毒.

첫 구의 '育'(육)은 어사입니다. 옛날에 그녀는 남편과 함께 두렵고 가난한 세월을 보내며 온갖 고생을 겪었습니다. 세 번째 구의 '生'(생)과 '育'은 아이를 낳고 기른 것을 가리키는 것일 수도 있지만, 앞뒤에 아이에 대한 언급이 없고 떠나는 그녀의 심정에도 아이에 대한 걱정과 아쉬움이 없는 것으로 봐서 단지 가세가 점차 좋아진 것으로 해석하는 것이 합리적입니다. 그러면 그 결과는 어땠을까요? 남편은 그녀를 독약처럼 적대시했습니다.

내가 맛있는 채소를 저장한 것은 겨울을 나기 위해서였지요.

我有旨蓄, 亦以御冬.

생각할수록 화가 나는 것은, 그녀가 남편이 겨울을 잘 나도록 채소까지 말려 잘 저장해 두었다는 겁니다.

즐거운 당신들의 신혼을 누리려 나를 이용해 가난을 면했군요.

宴爾新昏, 以我御窮.

그녀는 그토록 노력해 가세를 호전시켰지만, 남편은 그것을 이용해 새 여자를 들여 자기 욕심만 채웠습니다.
볼수록 점입가경이로군요.

매섭게 화를 내며 내게 힘든 일만 시켰는데
옛날을 잊었나요, 내가 처음 시집왔던 때를.

有洸有潰, 旣詒我肆.
不念昔者, 伊予來墍.

　남편은 걸핏하면 그녀에게 화를 내고 일부러 힘든 일만
하게 했습니다. 마지막에 그녀는 자기가 시집오자마자 치렀
던 '기'墍라는 풍속을 떠올립니다. 그것은 아직 시집의 모든
것이 낯선 신부를 3일 혹은 30일간 집안일에서 빼 주고 적응
기를 갖게 하는 풍속입니다. 그녀는 슬픔이 사무쳐 말하지
요. "당신은 내가 처음 시집와서 '기'를 치르던 나날을 잊었
나요?"라고 말입니다. 그녀에게도 그런 '즐거운 신혼' 시절
이 있었습니다.

　이 작품은 이혼에 관한 이야기시로, 막 집을 떠나온 이혼
녀의 처지와 심정을 묘사했습니다. 이런 제재는 어김없이 우
리에게 동한東漢 시대의 장편 악부시「공작동남비」孔雀東南飛
를 떠올리게 합니다. 그 시 역시 이혼한 부인의 이야기를 다
루었지요. 그런데「곡풍」의 이야기는「공작동남비」에 비해

간략하기는 하지만 더 극적인 전환을 담고 있습니다. 이 시를 읽는 사람은 모두 틀림없이 "내 어살에 가지 말고, 내 통발을 열지 마오. 자신도 못 돌보면서, 떠난 뒤의 일은 뭐 하러 걱정하는지"에서 깊은 인상을 받을 겁니다. 갑자기 매서운 분노의 말투로 남편을 빼앗아 간 여자를 상상 속에서 꾸짖습니다. "내 물건에 손대지 마. 내가 공들여 잡은 고기를 훔쳐 가지 마!"라고 말입니다. 하지만 말을 마치자마자 자기 말이 얼마나 황당하고 무력한지 깨닫고 현실로 돌아와 "나는 집에서 쫓겨난 신세인데 어살은 뭐고 통발은 또 뭐람?"이라고 울적하게 혼잣말을 하지요.

이런 감정의 전환은 변심한 남자를 탓하는 다른 말보다 훨씬 더 그녀의 슬픔에 공감하게 만듭니다. 대단히 섬세한 문학적 수법입니다.

한 많은 여인의 노래

다음 시는 「맹」嘅입니다.

「맹」의 주제는 「곡풍」과 비슷합니다. 두 시를 같이 놓고 보면 '한 많은 여자', '한 많은 부인'이 중국 시에서 일찍부터 중요한 등장인물이었음을 알 수 있습니다.

외지 남자가 실없이 웃으며 베를 안고 실과 바꾸자 했지.
실을 구하러 온 게 아니라 나를 꾀러 온 거였네.

氓之蚩蚩, 抱布貿絲.
匪來貿絲, 來卽我謀.

'氓'(맹)은 본래 어디서 왔는지 모를 출신이 불분명한 사람을 가리킵니다. 우리가 주변에서 흔히 알고 지내는, 이름과 성과 집이 있는 사람이 아닙니다. 현대 중국어에 아직 남아 있는 '유맹'流氓이라는 단어는 다른 지역에서 살 곳을 잃고 흘러 들어온 사람을 뜻합니다. 그리고 '蚩'(치)는 실없이 빙그레 웃는 모습입니다. 어디서 왔는지 모를 젊은 남자가 우리 마을에서 베를 안고 실실거리고 다니며 명주실과 바꾸자고 합니다. 베는 어느 농가에서나 짤 수 있지만 명주실은 누에 치는 곳에서만 생산됩니다. 이처럼 베는 흔하고 명주실은 귀하므로 이런 장사를 하려면 베를 잔뜩 가지고 와야 합니다. 어쨌든 그 젊은 남자는 외지인에다 장사꾼이었습니다.

그런데 그가 온 것은 정말로 장사를 하기 위해서가 아니라 '나'에게 구애하기 위해서였습니다. 이쯤에서 우리는 이 시가 여자의 목소리로 읊어지고 또 그녀의 주관적 관점을 나타낸다는 것을 알게 됩니다.

당신을 전송하러 기수淇水를 건너 돈구頓丘까지 갔어요.
내가 기한을 어긴 게 아니라 당신에게 좋은 중매쟁이가 없어서였으니
화내지 말고 가을에 만나자고 했지요.

送子涉淇, 至于頓丘.
匪我愆期, 子無良媒.
將子無怒, 秋以爲期.

이 두 번째 구절에서는 인칭이 바뀝니다. 본래 삼인칭이었던 '氓', 즉 외지 남자가 '子'(자), 즉 당신이 되었고, 화자가 직접 그에게 말을 합니다. 이를 통해 외지에서 온 젊은 남자가 시 속의 '나'와 사귀는 데 성공한 것을 알 수 있습니다. 그런데 그가 마을을 떠나게 되어 나는 기수를 건너 돈구까지 그를 바래다주었습니다. 이별을 앞두고 나는 그에게 말합니다. "내가 계속 날짜를 미뤄 이렇게 된 게 아니에요. 바보같이 당신 혼자 와서 나를 데려가려고 했기 때문이에요. 제대

로 된 중매쟁이 하나 못 구했는데 일이 될 리가 있나요!" 그
러고는 또 말투를 바꿔 "화내지 말고 우리 약속해요. 가을에
당신이 중매쟁이를 데려오면 우리는 결혼할 수 있을 거예요"
라고 말합니다.

그 무너진 성벽에 올라가 복관復關*을 바라보았지만
그 사람 복관에 안 보여 눈물 뚝뚝 흘렸는데
마침내 그 사람 복관에 나타나 웃으며 이야기했네.

乘彼垝垣, 以望復關.
不見復關, 泣涕漣漣.
旣見復關, 載笑載言.

그가 떠난 후 나는 늘 위험을 무릅쓰고 오래된 성벽 위
에 올라가곤 합니다. 그곳은 평소 인적이 드물고 멀리 관문
이 보이기 때문이지요. 장사를 하러 오는 사람은 반드시 그
관문을 지나야 그녀가 사는 곳에 들어올 수 있었습니다. 그
래서 그녀는 거기에서 그 남자가 돌아오는지 지켜보았지만
그의 그림자도 보이지 않아 못 참고 눈물을 흘렸습니다.
그러던 어느 날, 마침내 그 남자가 관문을 지나 돌아온

---

* 위(衛)나라의 관문 이름.

133

것을 보고 나는 웃으며 이야기를 나눌 수 있었습니다.

당신이 점을 쳤는데 점괘에 흉조가 없으니
수레를 몰고 와서 나와 혼수품을 실어 가요.

爾卜爾筮, 體無咎言.
以爾車來, 以我賄遷.

그 남자가 점을 쳤는데 그 점괘에 안 좋은 말이 없었다
는군요. 그래서 나는 그에게 수레를 몰고 오라고 합니다. 자
신의 재물을 혼수품으로 챙겨 그를 따라가기로 마음먹은 것
이지요. '賄'(회)는 재물이라는 뜻이고 '爾'(이)는 소유격으로
'당신의'라는 뜻입니다.

그런데 미묘한 점이 하나 있습니다. 두 사람은 본래 "가
을에 만나자" 했고, 가을까지 기다려야 했던 이유는 "당신에
게 좋은 중매쟁이가 없었기" 때문입니다. 바꿔 말해 남자가
가을에 중매쟁이를 구해 와야 결혼을 할 수 있었던 겁니다.
하지만 그다음 시구에서 "그 사람 복관에 안 보여 눈물 뚝뚝
흘렸는데"라고 했지요. 남자가 약속한 시기에 돌아오지 않
은 겁니다. 어쨌든 기한을 넘겨 돌아오기는 했지만, 역시 중

매쟁이는 안 데려오고 자기가 점을 친 결과만 가져와서 아무 문제 없다고 여자에게 말했지요. 결국 여자는 짐을 꾸려 그의 수레를 타고 떠나는 데 동의합니다.

이어지는 구절은 그들이 결혼한 계절에 대한 묘사일 수도 있고, 순전히 비유일 수도 있습니다.

뽕나무 잎 지기 전에 그 잎사귀 싱싱한데
아아 비둘기야, 오디는 따 먹지 마라.

桑之未落, 其葉沃若.
于嗟鳩兮, 無食桑葚.

뽕잎이 아직 싱싱하고 무성하게 나무에 달려 있을 때는 오디를 따 먹으면 안 된다고 비둘기에게 일러 말합니다. 잎이 성할 때는 오디가 익기 전이기 때문이지요. 안 익은 열매를 미리 따 먹으면 나중에 맛있고 풍성한 열매를 못 먹게 됩니다.

처음에 외지인이 "베를 안고 실과 바꾸는" 것으로 시작하는 이 시는 여자의 집이 본래 뽕을 심고 누에를 쳤음을 암시합니다. 따라서 그녀는 분명 뽕나무의 성장과 변화에 특별히 민감했을 겁니다. 만약 이 부분이 계절 묘사라면 본래 "가을에 만나자" 했던 약속을 남자가 어기고 이듬해 늦봄에서 초여름 사이에 왔다는 의미가 됩니다. 그랬으니 여자는 당연히 눈물을 흘리며 그가 안 돌아오리라고 생각했을 겁니다. 또한 그래서 남자가 돌아왔을 때 너무나 기뻐서 그가 중매쟁이를 데려오지 않았는데도 별로 개의치 않았겠지요.

그런데 더 중요한 것은 이 부분을 비유로 봤을 때 뒤 구절과 이어진다는 겁니다.

아아 여자들아, 남자와 놀아나지 말기를.
남자가 놀아나면 핑계가 있지만
여자가 놀아나면 핑계가 없으니
뽕잎이 떨어질 때는 누렇게 되어 떨어진다네.

于嗟女兮, 無與士耽.
士之耽兮, 猶可說也.
女之耽兮, 不可說也.
桑之落矣, 其黃而隕.

"아아 여자들아"于嗟女兮는 "아아 비둘기야"于嗟鳩兮에 호응하여 여자들에게 경고하는 시구입니다. 절대 남자들과 놀아나지 말라고. 남자들이 놀아나면 댈 만한 핑계가 있지만, 여자들이 놀아나면 댈 핑계도 없다는 겁니다. 그다음에는 다시 뽕나무에 대한 묘사로 돌아갑니다. 계절이 지나 나무에서 떨어지는 뽕잎은 더 이상 싱싱하지 않고 누렇게 바랜 상태입니다.

여자들에 대한 경고는 앞뒤 구절에 나오는 뽕나무의 비유에도 숨어 있는데, 이어서 보면 분명하게 그 의미가 읽힙니다. 여자들이 너무 성급하게 자기 청춘과 일시적인 쾌락을 맞바꾸면 안 된다는 것이지요. 청춘이 가면 여자는 계절 지난 뽕잎처럼 가치를 잃기 때문입니다.

'놀아나다'라고 번역한 '즐길 탐'眈 자는 강한 시간적 함의가 있습니다. 목적 없이 시간을 마구 보내는 것을 가리킵니다. 남자는 그렇게 되는대로 시간을 보내도 되지만 여자는 안 된다고 화자는 말합니다. 그렇게 시간을 보내는 사이에 청춘이 가 버리니까요.

우리는 이 시의 인칭 변화에서 '나'의 심정적 전환을 살펴볼 수 있습니다. 처음에는 그 젊은 남자를 '외지 남자'氓라 불렀는데, 이어서 '당신'子, '당신의'爾라고 바꿔 불렀지요. 그런데 여기서는 '士'(사)를 택해 그냥 '남자'라고 부릅니다.

여기에는 분명히 거리감의 변화가 있습니다.

어디에서 이 거리감이 비롯된 걸까요? 다음 구절을 보 겠습니다.

당신에게 시집가서 3년이나 가난하게 살았지요.
기수가 출렁여 수레 휘장을 적셨어요.
여자는 잘못이 없는데 남자는 행실이 나빴으니
남자가 기준 없이 이랬다저랬다 했지요.

自我徂爾, 三歲食貧.
淇水湯湯, 漸車帷裳.
女也不爽, 士貳其行.
士也罔極, 二三其德.

'나'는 시집간 후로 3년간 계속 가난에 시달립니다. 그다 음에는 갑자기 "기수가 출렁여 수레 휘장을 적셨어요"라고 강을 건너는 장면이 끼어드는데, 이것은 무슨 의미일까요?

두 가지 해석이 있습니다. 하나는 옛날에 여자가 그 남 자의 수레를 타고 기수를 건널 때의 회상이라는 겁니다. 그 때는 늦봄이라 기수의 수위가 높아 물이 튀어 수레의 휘장을 적셨습니다. 그것은 틀림없이 불길한 징조였습니다. 또한 남자가 신용 없는 사람이어서 수위가 비교적 낮은 가을에 그녀를 데리러 온다고 해 놓고 그토록 오랜 시간을 미뤘음을 상기시킵니다. 하지만 당시 여자는 행복한 상상에 푹 빠져 시집간 뒤에 무슨 일이 일어날지 전혀 예상하지 못했습니다.

다른 하나는 여자가 시집간 지 3년 만에 남편에게 내쫓겨 친정으로 돌아오는 것이 이 시 전체의 배경임을 우리에게 알려 준다는 겁니다. 돌아오는 길에 기수를 건너다 수레 휘장이 물에 젖는 바람에 그녀는 더 깊은 슬픔에 빠진다는 것이지요.

'爽'(상)은 잘못이나 실수를 가리킵니다. 여자로서 나는 아무 잘못도 하지 않았는데, 남자는 이리저리 마음이 변해 신용을 지키지 않았습니다. 나아가 기준 없이 아무 말이나 하고 아무 짓이나 일삼았지요.

3년간 아내 되어 내 일 아닌 집안일이 없었고
새벽에 일어나 밤늦게 자며 아침저녁이 따로 없었네.

三歲爲婦, 靡室勞矣.
夙興夜寐, 靡有朝矣.

시집와서 3년간 남자의 아내로 지내며 그녀는 집안일을 도맡아 합니다. "아침저녁이 따로 없었네"라고 번역한 '彌有朝矣'(미유조의)는 글자 그대로 풀이하면 "아침이 없다"는 뜻입니다. 이것은 생략법입니다. "아침도 점심도 저녁도 없다"는 것을 줄인 것이지요. 너무 바빠 시간 감각을 잃어서, 아침이든 저녁이든 별 차이 없이 분주하게 일하고 제대로 쉬지도 못했다는 뜻입니다. 아울러 아침저녁 끼니를 챙겨 먹을 시간도 없었습니다. 이처럼 나는 3년간 가난하고 고단하게 살았습니다.

가정을 이루고 나서 당신은 난폭해졌네.
내 형제는 모르지만, 알면 그것을 비웃겠지.

言旣遂矣, 至于暴矣.
兄弟不知, 咥其笑矣.

지난날 여자를 쫓아다닐 때 남자는 숱한 말로 그녀를 꼬드겼습니다. 그다음에는 어떠했을까요? 태도를 싹 바꿔 그녀를 난폭하게 대했습니다. 그녀의 친정 형제들은 아직 이 사실을 모르지만, 만약 안다면 뭐라고 비웃을지 그녀는 두려워합니다.

그런데 그녀는 왜 친정 형제들이 자기를 비웃으리라 생각한 걸까요? 이 부분은 앞의 "수레를 몰고 와서 나와 혼수품을 실어 가요"에 호응합니다. 그 남자가 중매인을 둬야 한다는 결혼의 규칙을 어겼는데도 그녀는 친정의 반대를 무릅쓰고 좋아라 하며 짐을 싸서 떠났지요. 그래서 형제들이 만약 그녀의 지금 상황을 안다면 그때 그녀가 물불 안 가리고 남자를 쫓아 떠났던 것을 비웃을 게 뻔하다고 생각한 겁니다.

조용히 생각하며 홀로 가슴 아파하네.
당신과 함께 늙자 했는데, 그 늙는다는 말이 나를 원망케 하네.

靜言思之, 躬自悼矣.
及爾偕老, 老使我怨.

조용히 옛일을 생각하면서 그녀는 슬퍼하고 괴로워합니다. 심지어 형제의 동정도 얻지 못할 처지였으니까요. "당신과 함께 늙는다"及爾偕老는 말은 주나라 시대 혼례에서 쓰는 상투어였습니다. 기독교 결혼식에서 목사를 따라 신랑 신부가 하는 "죽음이 우리를 갈라놓을 때까지"Till death do us part라는 말과 비슷합니다. 남자가 당시 "당신과 함께 늙겠소"라고 말했던 것을 떠올리고서, 특히 그 '늙을 노'老 자 때문에 여자는 분개합니다. 늙을 때까지는커녕 겨우 3년 만에 모든 게 끝나 버렸으니까요.

기수에는 둔덕이 있고, 습수隰水에는 기슭이 있네.

淇則有岸, 隰則有泮.

위나라의 하천이었던 기수와 습수에는 그 가장자리에 경계가 있었습니다. 이것은 자연현상으로, 앞에 나온 "남자가 기준 없이"에 호응합니다. 왜 남자가 한계를 모르고 그렇게 멋대로 행동하느냐는 겁니다.

총각 시절 즐거울 때는 부드럽게 말하며 웃었네.
분명히 약속하며 맹세했는데, 이렇게 어길 줄이야.
어길 줄 몰랐다가 이렇게 끝나 버렸네!

總角之宴, 言笑晏晏.

信誓旦旦, 不思其反.

反是不思, 亦已焉哉!

'總角'(총각)은 성년이 되거나 결혼하기 전의 머리 모양을 가리킵니다. '晏晏'(안안)은 부드럽고 편안한 모양을 뜻하지요. 즐거웠던 옛날에 남자는 성격도 좋고 말도 잘 통했나 봅니다. 또 '旦旦'(단단)은 대낮처럼 환한 것을 뜻하므로, 당시 남자의 약속과 맹세가 전혀 에두르는 점 없이 분명하고 직접적이었음을 강조합니다. 하지만 이제 와서 남자는 그 약속과 맹세를 전부 어겼으니, 여자는 모든 게 끝났다고 한탄할 수밖에 없습니다.

「곡풍」과 마찬가지로 이 시는 아름다웠던 과거에 대한 그리움으로 끝납니다. 다만 자포자기의 탄식을 한마디 덧붙였을 뿐이지요.

연인의 밀회

「정녀」靜女라는 짧고 재미난 시를 또 읽어 보겠습니다.

「곡풍」은 결혼의 파경을, 「맹」은 결혼의 위기를 노래했다면 「정녀」는 사랑의 시작을 노래했습니다. 역시 남녀 관계를 그린 작품입니다.

예쁜 아가씨 아름다워라, 성 모퉁이에서 나를 기다리네.

靜女其姝, 俟我於城隅.

'靜女'(정녀)의 '靜'은 여기에서는 조용하다는 뜻이 아니라 예쁘다는 뜻입니다. '姝'(주)도 아름다움을 형용하는 글자입니다. 이 두 글자가 교차하면서 아가씨의 빼어난 미모를 강조하고 있지요. 예쁜 아가씨가 '나'와 만나기로 약속하고 성 모퉁이에서 은밀히 기다리고 있습니다. 이 서두는 흥분되어 가슴 뛰는 젊은 남자의 심정을 드러냅니다.

그는 서둘러 달려갑니다.

어두워 보이지 않아, 머리 긁적이며 배회했네.

愛而不見, 搔首踟躕.

여기에서 '愛'(애)는 어둡고 흐릿해 잘 보이지 않는다는 뜻의 '曖'(애)와 통합니다. 남자는 벅찬 기대를 품고 성벽 가장자리의 은밀한 곳으로 달려갔습니다. 그런데 어둑어둑한 그곳을 아무리 찾아봐도 아가씨는 보이지 않았지요. 남자는 머리를 긁적이며 어떻게 해야 할지 갈팡질팡합니다.

예쁜 아가씨 아름다워라, 내게 붉은 대통을 선물해 주었네.
붉은 대통 근사하기도 해라, 네가 아름다워 기쁘구나.

靜女其孌, 貽我彤管.
彤管有煒, 說懌女美.

'孌'(연)은 '姝'처럼 아름다움을 형용하는 글자입니다. 남자가 어쩔 줄 모르고 있을 때 아가씨가 나타나는데, 그 모습이 더욱 아름다워 보입니다. 그녀는 남자에게 붉은 대통을 선물로 주었지요. 그 선물을 받고 남자가 칭찬하길, "붉은 대통이 너무 아름답네. 네 아름다움이 정말 마음에 드는구나!"라고 합니다. 표면적으로는 붉은 대통에 관해 말하고 있지만 실제로는 당연히 아가씨를 찬미하는 겁니다.

들판에서 삘기*를 가져다주었는데, 정말 예쁘고 특이하네. 네가 예뻐서가 아니라 아름다운 이가 선물해 줘서 그렇다네.

自牧歸荑, 洵美且異.
匪女之為美, 美人之貽.

'歸'(귀)는 가져왔다는 뜻입니다. 알고 보니 아가씨는 성 밖으로 오면서 삘기를 뽑아 가져왔습니다. 그 삘기는 정말 예쁘고 특이했습니다. 이 부분은 왜 아가씨가 남자에게 성 모퉁이에서 만나자고 했는지를 설명해 줍니다. 아마도 성을 나와 산보를 하는 틈을 타 몰래 연인을 만나 붉은 대통을 선물하고, 그러는 김에 막 딴 삘기도 가져다준 것 같습니다. 삘기를 받자마자 그는 흥분해 말합니다. "와, 이 삘기 너무 근사하네. 내가 본 다른 삘기와는 전혀 다르군!" 그렇게 말해 놓고 그는 너무 과장했다고 느꼈는지 조금 어색해하며 그 삘기에 대고 "아, 아니야. 네가 아름답고 특이해서 그런 게 아니야. 아름다운 아가씨가 내게 선물해 줬기 때문이야"라고 말합니다.

이것은 감정이 이입된 결과입니다. 그 아가씨를 본래 좋

아하는 데다, 방금 전 그녀를 못 찾아 당황하다 갑자기 그녀가 나타나자 뛸 듯이 기쁜 감정이 사물에 투사된 것이지요. 아무리 평범하고 단순한 물건이라도 이때 그에게는 특별한 광채를 띤 것처럼 보였을 겁니다. 그것은 사랑과 행복의 광채였겠지요.

이 시는 세밀한 인과 구조를 갖고 있습니다. 만약 아가씨가 기다리는 줄 몰랐다면 남자는 그렇게 서둘러 달려가 그녀를 찾아 헤매지는 않았을 겁니다. 또 잠시 그녀를 찾아 헤매지 않았다면 그녀가 나타났을 때 그렇게 뛸 듯이 기쁘지는 않았을 겁니다. 이어서 그렇게 기쁘지 않았다면 그렇게 과장해서 그녀의 선물을 칭찬하지도 않았겠지요. 먼저 그녀가 특별히 준비해 온 선물을 칭찬하고, 똑같은 방식으로 그녀가 오다가 딴, 별로 귀하지도 특별하지도 않은 삘기도 칭찬합니다. 그리고서 남자는 자신의 표현이 조금 황당했다는 것을 깨닫고 어쩔 수 없이 인정합니다. 중요한 것은 삘기가 아니라 아름다운 아가씨의 마음이라는 것을 말이지요.

짧지만 교묘한, 훌륭한 시입니다.

떠들썩한 청춘의 해학

또 다른 노래 형식을 「상중」桑中을 통해 알아봅시다.

당초唐草는 어디 가서 뜯지요? 매성沫城 교외에 가서요.

爰采唐矣? 沫之鄕矣.

'唐'(당)은 나물의 일종이고 '沫'(매)는 위衛나라의 어떤 성 이름입니다. 매성에 당초를 뜯으러 가는 길인 듯합니다.

누구를 생각하나요? 아름다운 강姜씨 집 맏딸요.

云誰之思? 美孟姜矣.

대답하는 남자는 강씨 집의 아가씨에게 흠뻑 빠졌나 봅니다.

나와 상중桑中에서 만나자 약속했고
상궁上宮으로 나를 데려갔으며

기수 기슭까지 바래다주었지요.

期我乎桑中,

要我乎上宮,

送我乎淇之上矣.

남자는 매성 교외에 당초를 뜯으러 가면서 내내 강씨 집 아가씨를 떠올리며 그녀와 만났던 상황을 묘사합니다. 그녀는 우선 상중에서 만나자고 남자와 약속했고, 만난 뒤에는 그를 데리고 함께 상궁으로 갔으며, 헤어지기 전에는 기수 기슭까지 그를 바래다주었습니다. 여기에서 상중, 상궁, 기수는 모두 위나라의 지명으로 보입니다.

이어지는 구절은 앞의 첫 번째 구절과 거의 흡사합니다. 운을 바꿀 때 몇 글자를 함께 바꿨을 뿐입니다. 다음은 두 번째 구절입니다.

보리 싹은 어디 가서 뜯지요? 매성 북쪽에 가서요.

누구를 생각하나요? 아름다운 익씨 집 맏딸요.

나와 상중에서 만나자 약속했고

상궁으로 나를 데려갔으며

기수 기슭까지 바래다주었지요.

爰采麥矣? 沬之北矣.

云誰之思? 美孟弋矣.

期我乎桑中,

要我乎上宮,

送我乎淇之上矣.

이어서 세 번째 구절입니다.

순무는 어디 가서 뜯지요? 매성 동쪽에 가서요.

누구를 생각하나요? 아름다운 용庸씨 집 맏딸요.

나와 상중에서 만나자 약속했고

상궁으로 나를 데려갔으며

기수 기슭까지 바래다주었지요.

爰采葑矣? 沬之東矣.

云誰之思? 美孟庸矣.

期我乎桑中,

要我乎上宮,

送我乎淇之上矣.

이 시의 가장 중요한 특징은 우리가 앞에서 보았던 시들의 순차적 진행 구조가 전혀 적용되지 않았다는 겁니다. 이 시의 형식은 순차적 진행과는 전혀 무관합니다. 형식적으로 이 시는 젊은 남자들의 집단적 사랑 노래입니다. 우리는 글자 그대로의 의미에 연연해 이 시를 해석하면 안 됩니다. 글자 그대로 해석하면 한 남자가 염치도 없이 먼저 강씨 집 아가씨를 사귀었다 익씨 집 아가씨를 사귀고, 바로 용씨 집 아가씨까지 사귄 것도 모자라 세 아가씨와 똑같은 방식으로 약속하고 만난 것이 되는데, 이게 말이 됩니까?

아니면 세 젊은 남자가 각각 강씨 집 아가씨와 익씨 집 아가씨와 용씨 집 아가씨를 좋아하는데, 공교롭게도 세 연인의 약속 장소가 똑같다는 것도 말이 안 됩니다.

이 시는 젊은 남자들이 함께 즐거워하며 부르던 노래입니다. 고정적으로 반복되는 가사의 구조를 보면 "누구를 생각하나요?"라는 물음에 자기가 좋아하는 여자를 끼워 넣어 대답하는 식입니다. 이런 식으로 노래는 공개 고백의 성격을 띠어 누가 어떤 여자를 좋아하는지 다들 알게 됩니다. 그런데 가사에서 똑같이 반복되는 "(아가씨가) 나와 상중에서 만

나자 약속했고……" 이후의 내용은 고백하는 남자의 체면을
세워 주려는 것이어서 마치 아가씨도 남자를 좋아하는 것처
럼 들립니다. 그래서 노래가 불리는 중에 지명당한 그 강씨
집 아가씨는 아마도 얼굴을 붉히며 "나는 아니야!" 또는 "내
가 언제 저 사람을 불렀는데!"라고 소리쳤을 겁니다. 그것은
떠들썩한 청춘의 해학이 가득한 풍경이었겠지요.

흩어진 가족

이번에는 이와 대조적으로 매우 비참한 작품인 「갈류」葛
藟를 읽어 보겠습니다.

역시 서두는 자연현상입니다.

줄줄이 칡덩굴이 강가에 있네.

縣縣葛藟, 在河之滸.

칡은 물가에서 길게 잘 자랍니다. '滸'(호)는 물가를 의미
하지요. 그래서 "강가에 있네"는 강가에 칡덩굴이 있는 이미
지를 줄 뿐만 아니라 칡덩굴이 넓은 면적에 걸쳐 강물 가까

이까지 자라서 그 경계가 모호하다는 인상을 줍니다.

끝내 형제와 멀어져 남을 아버지라 부르지만
남을 아버지라 불러도 나를 보살펴 주지는 않네.

終遠兄弟, 謂他人父.
謂他人父, 亦莫我顧.

칡덩굴은 물가에서 길게 뻗으며 왕성하게 자라는데, 화
자는 가장 가까운 형제와도 영원히 멀어졌습니다. 그는 어디
에 가서 친지를 찾고, 또 어떻게 해야 서로 돌봐 주는 친지를
얻을 수 있을까요? 남을 아버지라 불러 봤자 그는 전혀 보살
핌을 받지 못합니다.

이 부분은 이산과 외로움의 고통을 묘사하고 있습니다.
확실히 이 시대의 중국인은 이미 강한 가족 간 유대를 형성
했습니다. 형제와 친족 간의 관계를 통해 안정감을 얻었고,
심지어 삶의 의미를 얻기도 했습니다. 그래서 재해나 전쟁
에 뒤따르는 가장 심각한 재난은 가족과 헤어지는 것이었습
니다. 여러 각도에서 볼 때, 『시경』에 가족에 관한 시가 많이
수록된 것은 주나라 시대에 가족의 윤리 관계를 기초로 하는

봉건 질서가 이미 일반 백성의 마음속에 깊이 뿌리내리고 있었음을 알려 줍니다.

두 번째 구절입니다.

줄줄이 칡덩굴이 강가에 있네.
끝내 형제와 멀어져 남을 어머니라 부르지만
남을 어머니라 불러도 나를 받아들여 주지는 않네.

綿綿葛藟, 在河之涘.
終遠兄弟, 謂他人母.
謂他人母, 亦莫我有.

뜻은 첫 번째 구절과 똑같습니다. 운 때문에 몇 글자를 바꿨을 뿐입니다. 의지할 곳을 잃고 떠돌아다니던 화자가 누군가를 어머니로 삼고자 해도 그 사람은 화자를 아들로 받아들여 줄 리 없습니다.

세 번째 구절입니다.

줄줄이 칡덩굴이 강기슭에 있네.
끝내 형제와 멀어져 남을 형이라 부르지만

남을 형이라 불러도 내 말을 들어 주지는 않네.

緜緜葛藟, 在河之漘.

終遠兄弟, 謂他人昆.

謂他人昆, 亦莫我聞.

'漘'(순)은 강 언덕의 아랫부분을 뜻합니다. 형제를 잃은 사람이 다른 사람을 형이라고 불러도 그 사람은 듣는 시늉조차 하지 않습니다.

세 구절의 의미가 다 중복되지만 묘사 방식은 갈수록 서글퍼집니다. 처음에 아버지를 찾고자 했던 것은 아버지가 집안 식구를 돌볼 능력이 있기 때문이었습니다. 하지만 찾지 못했지요. 이어서 한 걸음 물러나 어머니를 찾아 위안을 얻고자 했지만 역시 못 찾았습니다. 그래서 한 걸음 더 물러나 형을 찾아 자신의 애통함을 들려주려 했지만 그 작은 바람조차 이루지 못했습니다.

세 구절 각각의 마지막 구는 서로 한 글자만 다르지만 화자의 고통이 점점 더 심해짐을 잘 표현하고 있습니다.

담을 넘어 구애하는 남자

마지막으로 「장중자」將仲子라는 재미난 시를 읽어 보겠습니다. 이 시는 드물게 처음부터 끝까지 서술에 치중한 작품입니다. 감정이 자유분방하고 전혀 숨기는 게 없으며, 자연현상을 끌어들여 비유로 삼거나 호응시키지도 않습니다.

둘째 도련님, 우리 마을 담을 넘지 마요.
우리 버드나무를 꺾지 마요.
어찌 버드나무를 아껴서겠어요? 우리 부모님이 두려워요.
둘째 도련님이 그립긴 해도, 부모님 말씀은 역시 두렵답니다.

將仲子兮, 無踰我里,
無折我樹杞.
豈敢愛之? 畏我父母.
仲可懷也, 父母之言, 亦可畏也.

맨 앞 글자인 '將'(장)은 뜻이 없는 어사입니다. 징을 치는 듯한 소리*를 내어 화자가 흥분해서 누군가를 부르는 듯

---

* 중국어 원음은 'jiang'이다.

한 느낌을 줍니다.

화자는 둘째 도련님을 큰소리로 부른 뒤, 마을 담을 넘지 말고 버드나무도 꺾지 말라고 소리칩니다. 그러고는 얼른 변명을 합니다. "내가 버드나무가 아까워서 이러겠어요. 부모님이 무서워서 그래요. 당신이 그립기는 하지만 부모님한테 욕을 먹을까 무섭다고요!" 이제 우리는 둘째 도련님이 시의 화자인 아가씨를 만나기 위해 담을 넘으려는 것이며, 아직 여자 쪽 부모가 두 사람의 사랑을 허락하지 않았음을 알게 됩니다. 마치 연극 『로미오와 줄리엣』에서 로미오가 몰래 테라스로 올라가 줄리엣을 만나는 장면 같지 않나요?

두 번째 구절입니다.

둘째 도련님, 우리 집 담을 넘지 마요.
우리 뽕나무를 꺾지 마요.
어찌 뽕나무를 아껴서겠어요? 우리 집안 어른들이 두려워요.
둘째 도련님이 그립긴 해도, 어른들 말씀은 역시 두렵답니다.

將仲子兮, 無踰我牆,

無折我樹桑.

豈敢愛之? 畏我諸兄.

仲可懷也, 諸兄之言, 亦可畏也.

이번에 아가씨는 역시 둘째 도련님을 부른 뒤, 자기 집 담을 넘지 말고 뽕나무도 꺾지 말라고 소리칩니다. 앞 구절의 버드나무는 집의 위치를 표시하는 경관수景觀樹이지만, 뽕나무는 누에치기에 쓰이는 집안의 재산입니다. 아가씨는 또 변명하지요. 뽕나무가 아까워서가 아니라 집안 어른들에게 꾸지람을 듣는 게 무서워서라고요. '어른들'이라고 번역한 '諸兄'(제형)은 보통 범위가 넓습니다. 친오빠뿐만 아니라 숙부와 백부 그리고 친척 중의 모든 손윗사람을 포함합니다. 아무리 둘째 도련님이 그리워도 그들의 꾸지람을 신경 쓰지 않을 수 없다고 아가씨는 말합니다.

둘째 도련님, 우리 집 뜰을 넘지 마요.

우리 박달나무를 꺾지 마요.

어찌 박달나무를 아껴서겠어요? 남들 말이 두려워요.

둘째 도련님이 그립긴 해도, 남들 말은 역시 두렵답니다.

將仲子兮, 無踰我園,

無折我樹檀.

豈敢愛之? 畏人之多言.

仲可懷也, 人之多言, 亦可畏也.

뜰을 넘다 그 안의 박달나무를 훼손해서는 안 된다고 아가씨는 소리칩니다. 하지만 그건 박달나무가 아까워서가 아닙니다. 남들이 유언비어를 퍼뜨릴까 봐 두려워서, 아무리 둘째 도련님이 그리워도 남들의 유언비어를 두려워하지 않을 수는 없어서입니다.

이 시에는 좋아하면서도 꺼려하는 아가씨의 모순적인 심정이 아주 잘 표현되어 있습니다. 청춘 남녀가 서로 그리워하는 감정은 예법으로도 도저히 막을 수 없습니다. 맨 처음에 남자는 마을 담을 넘었고, 그다음에는 더 대담해져 아가씨네 집 담장을 넘었습니다. 마지막에는 뜰까지 넘어 아가씨의 거처에 당도합니다. 이에 상응하여 아가씨는 처음에는 부모님이 알고 막을까 두려워하고, 그다음에는 집안 어른들도 알고 따라 나설까 두려워합니다. 마지막에는 이웃 사람들까지 다 알고 쓸데없는 소문을 퍼뜨릴까 두려워하지요.

이런 첩첩의 방해 때문에 아가씨는 고민하며 너무 지나

친 짓을 삼가라고 남자에게 경고합니다. 하지만 말이 너무 심했나 걱정스러워 곧장 자기 심정을 해명하지요. 그런데 진전되는 상황을 볼 때, 그녀의 권고는 전혀 소용이 없었던 게 분명합니다. 오히려 남자의 뜨거운 열정에 불을 더 지피고 말았습니다.

역자 후기
양자오의 역사적 독법과 문학적 독법

양자오의 '중국 고전을 읽다' 시리즈를 읽다 보면 고전 텍스트를 독창적으로 읽고 풀어내는 그만의 스타일이 어렴풋이 느껴진다. 따라서 그 스타일을 결정짓는 그만의 고전 독법도 존재하지 않을까 궁금증이 생긴다. 사실 그는 이 시리즈의 중국어 원서 서두에 실린 총서總序에서 이에 대해 설명한 바 있다. 하지만 한국어 번역서에는 지면 관계상 그 긴 총서를 싣지 못했기에 따로 역자 후기를 빌려 그의 고전 독법에 관해 설명하고자 한다.

우선 양자오가 왜 자신만의 고전 독법을 강구하게 됐는지는 총서에서 그가 밝힌 이 시리즈의 집필 취지를 통해 추정할 수 있다.

나는 '전통적인' 독법이 제공하는 이 텍스트들에 대한 전통적인 해석을 그대로 옮겨 오지는 않을 것이다. 전통적으로 당연시되어 온 수많은 견해, 특히 자세한 검증이 필요한 견해에 대해서는 그것이 고전 원문에서 비롯되었는지, 아니면 훗날 다른 시대의 다른 현실적 필요에 의해 '유용성'이 부여되는 바람에 진실함을 잃지는 않았는지 살펴볼 것이다.

바로 이런 문제의식을 토대로 양자오는 '역사적 독법'과 '문학적 독법'이라는 두 가지 고전 해석 방침을 제시했다. 상호 보완 관계인 두 독법에 대해 그는 어느 잡지와의 인터뷰에서 꽤 자세히 설명했는데, 먼저 역사적 독법에 관한 부분부터 살펴보자.

역사학 분야에서 저의 가장 중요한 배경은 사상사입니다. 그래서 고전을 읽을 때 몇 가지 기본 모델을 따릅니다. 예컨대 그 고전이 나온 시대로 돌아가 그 시대에 어떤 사람들이 살았는지, 그들이 무엇에 관심이 있었고 어떤 문제를 제기했는지 상상합니다. 이때 사상사의 방법론적 힌트가 제게는 대단히 유용합니다. 옛사람들이 남긴 모든 자료, 특히 사상적인 자료를 일종의 대답으로 간주하는 것이죠. 그래서 한 명의 독자로서 우선 파고들어 봅니다. 그들이 뭐라고 대답했는지, 그들의 문제는 무엇이었는지 말입니다. 그래야만 우리는 옛사람들이 잘 대답했는지 더 적절히 평가할 수 있습니다. 혹은 그들이 내놓은 답안이 유사한 문제에 부딪혔을 때 우리가 내놓는 답안과 어떤 차이가 있는지 인식할 수 있습니다.

이것이 바로 제가 말하는 역사적 독법입니다. 고전을 그것이 생겨난 역사적 시대 배경 속에 돌려놓고 그 특정한 배경에서 그 시대의 보편적 시각으로 읽어 내는 것이죠. 이것이 가장 중요한 전제이자 역사적 독법의 실천적 정의입니다.

제게 이 역사적 독법은 주로 '구이'求異, 즉 다른 것을 탐구하는 작업입니다. 고전은 우리를 위해 쓰인 것이 아닙니다. 전혀 다른 시대에 우리와 전혀 다른 생활을 한 선인들이 기록했으니, 그 안에는 이질적인 요소가 있을 수밖에 없습니다. 바로 그런 다른 것을 우리는 탐구할 필요가 있습니다. 역사는 우리에게 인류의 다양한 경험과 삶의 가능성을 보게 해 주고, 나아가 우리가 당연시해 온 갖가지 현실적 상황에 도전하고 의문을 던지게 해 줍니다. 이것이 다른 학문과 구별되는 역사의 근본 역할이자 대체 불가능한 핵심 가치입니다.

하지만 우리가 고전에서 단지 다른 것만을 탐구한다면 고전 읽기는 한낱 엽기적인 여흥거리로 전락하고 말 것이다. 바로 이 점에서 문학적 독법의 필요성이 대두된다.

전적으로 역사적 독법만으로 고전을 읽는 것은 불가능합니다. 고전은 과연 어떤 매력이 있어서 그토록 기나긴 시공을 넘어 지금까지 전해져 왔을까요? 그것은 고전을 읽을 때 '구동'求同, 즉 같은 것을 탐구할 여지가 있기 때문입니다. 우리가 먼저 고전이 우리를 위해 쓰인 것이 아님을 확인한다면 오만과 자기중심적 태도를 버릴 수 있습니다. 그다음에는 우리의 공감 능력을 키우고 동원해 상상을 통해서 옛사람들의 이질적인 삶의 세계에 들어가 그들의 정신적인 유산에 다가갈 수 있습니다. 이 과정에서 우리는 자신의 감성과 지적 능력을 확장해 본래는 이해할 수 없었던 이질적인 맥락을 이해할 수 있습니다. 그리고 더 나아가 우리에게 존재하는지도 몰랐던 풍부한 감수성을 확인할 수 있습니다. 문자를 통해 시공을 초월하여 우리의 현실 생활에서는 결코 접할 수 없는 경험, 단지 상고시대에만 존재했던 경험을 얻는 것은 우리에게 신선하고 강렬한 자극을 줍니다. 제게 이 부분은 문학적 독법과 비교적 유사합니다. 고전과 우리의 상황 간의 관계를 분석해 드러냄으로써 고전과 개인을 정서적으로 연관시켜 줍니다.

결국 양자오가 말하는 문학적 독법은 상상력을 통해 고전의 이질적 맥락을 이해하고 자기화하는, 문학적 감정이입 수법이라고 할 수 있다. 그는 역사적 독법으로 확인된 고전의 이질성을 문학적 독법을 통해 자신과 연관시켜 이성과 감성과 경험의 폭을 최대화하라고 권하는 것이다.

양자오의 말대로 고전 읽기가 이런 것이라면, 단지 케케묵은 옛날 책에서 '성현의 지혜'를 배워 오늘날의 삶에 응용하는 것이 아니라 고전 텍스트의 맥락 안에서 자신의 현실적 한계를 깨뜨리고 자신을 무한히 확장하는 것이라면, 누가 그것을 무료해하고 거부하겠는가. 나는 많은 한국 독자들이 양자오의 '중국 고전을 읽다' 시리즈를 읽으면서 그가 열어 놓은 고전의 이 잠재적 가능성을 직접 실현해 보길 기대한다.

2019년 7월 15일

시경을 읽다
: 고대 중국 문인의 공통핵심교양이 된 3천 년의 민가

2019년 8월 4일 초판 1쇄 발행

지은이	옮긴이
양자오	김택규

펴낸이	펴낸곳	등록
조성웅	도서출판 유유	제406-2010-000032호(2010년 4월 2일)

주소
경기도 파주시 책향기로 337, 301-704 (우편번호 10884)

전화	팩스	홈페이지	전자우편
031-957-6869	0303-3444-4645	uupress.co.kr	uupress@gmail.com

	페이스북	트위터	인스타그램
	www.facebook .com/uupress	www.twitter .com/uu_press	www.instagram .com/uupress

편집	디자인	마케팅
류현영	이기준	송세영

제작	인쇄	제책	물류
제이오	(주)민언프린텍	(주)정문바인텍	책과일터

ISBN 979-11-89683-16-0 04140
    979-11-85152-02-8 (세트)

이 도서의 국립중앙도서관 출판예정도서목록(CIP)은 서지정보유통지원시스템
홈페이지(seoji.nl.go.kr)와 국가자료공동목록시스템(www.nl.go.kr/kolisnet)에서
이용하실 수 있습니다.(CIP제어번호: CIP2019027853)

고전

동양고전강의 시리즈

삼국지를 읽다
중국 사학계의 거목 여사면의 문학고전 고쳐 읽기
여사면 지음, 정병윤 옮김

중국 근대사학계의 거목이 대중을
위해 쓴 역사교양서. 이 책은 조조에
대한 새로운 관점을 처음 드러낸
다시 읽기의 고전으로, 자기 자신의
눈으로 문학과 역사를 보아야
한다고 역설하는 노학자의 진중함이
글 곳곳에 깊이 새겨져 있다.

사기를 읽다
중국과 사마천을 공부하는 법
김영수 지음

28년째 『사기』와 그 저자 사마천을
연구해 온 『사기』 전문가의 『사기』
입문서. 강의를 모은 책이라 쉽고
재미있게 읽을 수 있다. 지금까지
중국을 130여 차례 답사하며 역사의
현장을 일일이 확인하고, 그 경험을
바탕으로 연구한 전문가의 강의답게
현장감 넘치는 일화와 생생한 지식이
가득하다. 『사기』에 관심이 있는
독자라면 남녀노소 누구나 어렵지
않게 읽을 수 있는 교양서.

논어를 읽다
공자와 그의 말을 공부하는 법
양자오 지음, 김택규 옮김

『논어』를 역사의 맥락에 놓고 텍스트
자체에 집중해, 최고의 스승 공자와
그의 언행을 새롭게 조명한 책.
타이완의 인문학자 양자오는 『논어』
읽기를 통해 『논어』라는 텍스트의
의미, 공자라는 위대한 인물이
춘추 시대에 구현한 역사 의미와
모순을 살펴보고, 공자라는 인물을
간결하고도 분명한 어조로 조형해
낸다. 주나라의 봉건제로 돌아가기를
꿈꾸면서도 신분제에 어긋나는
가르침을 펼친 인물, 자식보다
제자들을 더 아껴 예를 어겨 가며
사랑을 베풀었던 인물, 무엇보다
사람이 사람다워야 함을 역설했던
큰 인물의 형상이 오롯하게 드러난다.

노자를 읽다
전쟁의 시대에서 끌어낸 생존의 지혜
양자오 지음, 정병윤 옮김

신비에 싸여 다가가기 어렵다고
여겨지는 고전 『노자』를 문자 그대로
읽고 사색함으로써 좀 더 본질에
다가가고자 시도한 책. 양자오는
『노자』를 둘러싼 베일을 거둬 내고
본문의 단어와 문장 자체에 집중한다.
그렇게 하여 『노자』가 나온 시기를
새롭게 점검하고, 거기서 끌어낸
결론을 바탕으로 『노자』가 고대
중국의 주류가 아닌 비주류 문화인
개인주의적 은자 문화에서 나온
책이라고 주장한다. 더불어 『노자』의
간결한 문장은 전쟁을 종결하고
백성을 편하게 하고자 군주에게 직접
던지는 말이며, 이 또한 난무하는
제자백가의 주장 속에서 살아남기
위한 전략이라고 말한다.

장자를 읽다
쓸모없음의 쓸모를 생각하는 법
양자오 지음, 문현선 옮김

무너진 왕조의 몰락한 후예,
홀대당하는 비주류 문화의 계승자인
장자는 주류 문화의 가치를 조롱하고
인간 세상 밖의 커다란 세계와
가치관에 대해 의견을 펼치는 책
『장자』를 썼다. 양자오는 『장자를
읽다』에서 중국의 비주류 문화에
대한 논의를 한 걸음 더 전진시킨다.
우선 책의 앞머리에서 고대 중국의
주류 문화와 비주류 문화의 간극을
설명하고, 거기에서 장자와 저서
『장자』가 차지하는 자리를 설정한다.
그런 다음 장자의 역사 배경과
사상 배경을 훑고 허세를 부리는
듯한 우화와 정신없이 쏟아지는
궤변, 신랄한 어조를 뚫고 독자에게
『장자』의 핵심에 접근하는 방법을
알려 준다. 독자는 중국의 문화
전통에서 밀려 잊혔던 하나의 커다란
맥을 이해하고 새롭게 중국 철학과
중국 남방 문화를 일별하는 기회를
얻는 동시에 다시금 '기울어 가는
시대'를 고민하는 기회를 갖게
될 것이다.

맹자를 읽다
언어의 투사 맹자를 공부하는 법
양자오 지음, 김결 옮김

유가의 이념을 설파하는 위대한 성인
맹자를 추앙하고 그 사상을 설명하는
책이 아니다. 양자오는 여태 우리가
간과했던 맹자의 '말솜씨'를 콕
찍어 끌어낸다. 중국 전국 시대에
이미 낡은 것으로 치부되던 유가의
사상을 견지하고, 인간을 믿었던
맹자는 빼어난 말솜씨로 각국의 왕을
설득하여 전쟁을 멈추고 사람이 살 수
있는 나라를 만들고자 노력한다.
웅변의 시대에 홀로 선 투사로서.

묵자를 읽다
생활 밀착형 서민 철학자를 이해하는 법
양자오 지음, 류방승 옮김

봉건 제도가 무너지기 시작한
난세, 중국 춘추 시대. 유가는
이 난세가 봉건 질서의 붕괴에서
비롯되었으므로, 예교禮教를 다시 세워
세상을 바로잡아야 한다고 외쳤다.
그러나 서민 계급 출신의 묵자는
봉건 사회의 예교 자체가 난세의
근원이라고 주장했다. 거칠 것 없는
웅변가인 묵자는 '겸애'를 무기로
유가 진영에 맹렬한 공격을 퍼부으며,
봉건 제도의 예교를 지지하는
이들의 언행불일치와 모순을 비웃고
비난했다. 그리고 묵자와 그의
제자들은 자신들의 신념을 실천으로
증명하고자 중국 각지를 뛰어다녔고,
난세 속에서 묵가가 지닌 합리성을
확실하게 보여 주었다.
언제나 고전에 대한 개성적인
독법으로 독자에게 고전을 읽는
또 다른 길을 안내하는 타이완의
지식인 양자오는 이 책에서도 묵가의
독특한 논변 방식을 새롭게 조명하고,
그들의 소박한 사상과 실천이
가져오는 참신함이 묵가를 유가와
함께 '뛰어난 학문'으로 이름 나게
하였음을 밝힌다.

순자를 읽다

유가를 중국 사상의 주류로 만든 순자를 공부하는 첫걸음

양자오 지음, 김택규 옮김

200년간 지속된 전국시대 후기, 진나라의 통일이 가까워 오던 시대에 본분과 실용을 중시한 순자는 유가를 시대에 맞는 맥락으로 유연하게 변모시켜 급변하는 사회에서도 살아남을 수 있는 튼튼한 체질로 만들었다. 자신과 다른 시각을 가진 유가 내 다른 문파를 신랄히 공격하기도 했고, 무엇보다 예와 법의 절대적 구분을 제거하고 유가와 법가 사이의 차이도 제거했다. 하지만 당시 공자와 맹자의 사상이 법가와 혼동되는 것은 절대 금물이었고, 때문에 순자는 당시에는 영향력을 발휘했지만 후대 유가 전통에서는 제대로 인정받지 못했다. 이 책은 순자가 어떤 시대, 어떤 환경에서 어떤 문제에 부딪혀 자신의 사상을 발전시켰는지를 일러 줌으로써 순자 사상의 진정한 가치를 배우게 하고 순자에게 공정한 평가를 돌려준다.

전국책을 읽다

국경과 계급을 초월한 모략서를 공부하는 첫걸음

양자오 지음, 김택규 옮김

『전국책』은 중국 한나라의 학자 유향이 황실 서고에서 발견한 여러 권의 책을 나라별로 묶고 연대순으로 정리해 엮어 낸 책이다. 기원전 403년부터 진나라가 중국을 통일한 기원전 221년까지 이어졌던 전국시대에 종횡가 책사들이 제후에게 논한 책략이 기록되어 있다. 양자오의 『전국책을 읽다』는 국내 최초로 『전국책』을 해설해 교양서 수준으로 풀어낸 책으로, 각 사건이 일어난 역사적 맥락과 시대 상황에 대한 설명, 당시 책사들이 펼친 모략의 가치까지 세세하게 설명하고 있다.

자본론을 읽다
마르크스와 자본을 공부하는 이유

양자오 지음, 김태성 옮김

마르크스 경제학과 철학의 탄생,
진행 과정과 결과에 이르기까지
역사의 맥락과 기초 개념을 짚어
가며 『자본론』의 핵심 내용을
간결하고 정확한 시각으로 해설한 책.
타이완에서 자란 교양인이 동서양의
시대 상황과 지적 배경을 살펴 가면서
썼기에 비슷한 역사 경험을 가진
한국인의 피부에 와 닿는 내용이
가득하다.

서양고전강의 시리즈

종의 기원을 읽다
고전을 원전으로 읽기 위한 첫걸음

양자오 지음, 류방승 옮김

고전 원전 독해를 위한 기초체력을
키워 주는 서양고전강의 시리즈
첫 책. 인간과 자연의 관계를
변화시킨 『종의 기원』에 대한 새로운
해설서다. 저자는 섣불리 책을
정의하거나 설명하지 않고 책의
역사적, 지성사적 맥락을 흥미롭게
들려줌으로써 독자들을 고전으로
이끄는 연결고리가 된다.

꿈의 해석을 읽다
프로이트를 읽기 위한 첫걸음

양자오 지음, 문현선 옮김

인간과 인간 자아의 관계를 바꾼
『꿈의 해석』에 관한 교양서. 19세기
말 유럽의 독특한 분위기, 억압과
퇴폐가 어우러지며 낭만주의가
극에 달했던 그 시기를 프로이트를
설명하는 배경으로 삼는다. 또한
프로이트가 주장한 욕망과 광기
등이 이후 전 세계 문화와 예술에
미친 영향을 들여다보며 현재의
우리에게는 어떤 의미인지 점검한다.

성서를 읽다
역사학자가 구약성서를 공부하는 법
박상익 지음

『어느 무교회주의자의 구약성서 읽기』 개정판. 저자 박상익은 서양의 정신적 토대로 역할을 수행한 그리스도교가 한국에 와서 대중의 조롱을 받고 있는 현실을 통탄하면서, 21세기를 헤쳐 나가야 할 한국인에게 서양 정신사의 한 축인 헤브라이즘을 제대로 이해하려는 노력이 필요하며, 이를 위해서는 히브리 종교의 핵심 내용이 담긴 「구약성서」를 제대로 읽어야 한다고 힘주어 말한다.

미국의 민주주의를 읽다
우리의 민주주의를 더 잘 이해하는 법
양자오 지음, 조필 옮김

프랑스 대혁명의 혼란에서 벗어나지 못한 프랑스인에게 미국의 민주주의를 소개하고 프랑스에 적용하고자 한 프랑스의 알렉시스 드 토크빌이 쓴 『미국의 민주주의』는 방대한 분량으로 읽기 쉽지 않은 책이다. 타이완의 지식인 양자오는 프랑스 대혁명의 역사 배경과 미국 독립 혁명의 전후 상황 등을 훑으며, 토크빌이 『미국의 민주주의』에서 서술하고 분석한 미국의 민주주의 가치와 평등의 힘을 알기 쉽게 설명한다. 그리고 미국의 민주주의와 평등이 당시 프랑스뿐 아니라 현대의 우리에게 어떤 의미가 있는지 고민해 보기를 권한다.

슬픈 열대를 읽다
레비스트로스와 인류학을 공부하는 첫걸음

양자오 지음, 박민호 옮김

구조주의 인류학의 선구자인 레비스트로스의 대표작『슬픈 열대』를 통해 그의 인류학 여정을 함께 탐색해 보는 책. 저자는 자신이 처음 인류학을 접하고 그것에 매료된 경험에서 시작해 서구 인류학의 변모 과정을 차근차근 짚어 가며 구조인류학까지 다다른다. 이를 통해 우리는 인류학 전반에 대한 이해를 기반으로 구조인류학의 정점을 이루는 레비스트로스와 그의 저서 『슬픈 열대』를 좀 더 손쉽게 적절한 깊이로 공부할 수 있다.

미국 헌법을 읽다
우리의 헌법을 더 잘 이해하는 법

양자오 지음, 박다짐 옮김

미국 헌법은 근대 최초의 민주 국가 미국에서 만든 헌법이다. 이후 수많은 나라에서 미국 헌법을 참고하고 모방하여 헌법을 제정했다. 민주 헌법의 원형이 미국 헌법이라고도 할 수 있는 것이다. 타이완의 지식인 양자오는『미국 헌법을 읽다』에서 미국 헌법이 만들어지기까지의 역사 배경을 소개하고, 미국 헌법을 원문과 함께 살펴보며 헌법 조문의 의미와 맥락을 알기 쉽게 설명한다. 이를 통해 우리는 오늘날 전 세계에 막대한 영향을 미치는 미국이라는 나라의 토대를 이해하고, 오늘날 우리 삶의 기반을 만든 고전이자 현대 민주주의 제도의 근간을 이루는 헌법을 이해할 수 있을 것이다.